女人财务自由之路

女人一旦了解理财投资操作，比男人多赚5%

[德]博多·舍费尔 著　赵禹霏 译

中国出版集团　现代出版社

图书在版编目（CIP）数据

女人财务自由之路：女人一旦了解理财投资操作，比男人多赚5%/（德）博多·舍费尔著；赵禹霏译．—北京：现代出版社，2020.8

ISBN 978-7-5143-8648-6

Ⅰ．①女… Ⅱ．①博… ②赵… Ⅲ．①女性—私人投资—通俗读物 Ⅳ．①F830.59-49

中国版本图书馆CIP数据核字（2020）第091956号

女人财务自由之路：女人一旦了解理财投资操作，比男人多赚5%

作　　者：（德）博多·舍费尔
译　　者：赵禹霏
责任编辑：姚冬霞
出版发行：现代出版社
通信地址：北京市安定门外安华里504号
邮政编码：100011
电　　话：010-64267325　64245264（传真）
网　　址：www.1980xd.com
电子邮箱：xiandai@vip.sina.com
印　　刷：三河市宏盛印务有限公司
字　　数：170千字
开　　本：710mm×1000mm　1/16　　印　　张：14
版　　次：2020年8月第1版　　印　　次：2020年8月第1次印刷
书　　号：ISBN 978-7-5143-8648-6
定　　价：45.00元

来自博多·舍费尔的寄语

你知道不能完全按照自己的愿望生活的滋味吗？你的梦想和你的日常生活有差距吗？你认为这一切“完全正常”吗？你愿意接受与你的最高需求相去甚远的生活，承认它是命运的安排吗？

那么，这本书就非常适合你！如果你让金钱成为一种支持的力量，它就可以帮助你享受更充实、更幸福的生活。生活能够不必再为金钱担心，那不是很棒的事吗？

自从我的第一本书《财务自由之路》连续110周占据经济类图书排行榜榜首以来，我收到了大量的读者来信。在此，我想对大家的热情反馈表示衷心感谢。我尤其为那些通过实践，真真切切地发生改变，取得成果的人们感到欣慰。

“金钱”的好处在于，我们可以用它衡量我们改进的效果。从这个意义上讲，金钱是我们在生活的许多方面取得成功的标准。我欣慰于，那些受本书启发的人，确实改变了他们的生活。

很多女性读者告诉我，她们十分期待一本针对女性的书，一本深入探讨女性特殊情况和特殊需求的理财书。

当然，从与女性学员进行的大量对话中，我了解到，女性在处理金钱上，与男性存在许多差异。但是，这其中的差异真的有那么巨大，而值得专门为此去写一本书吗？我不得不承认，自己本来想得太天真了。

无论如何，我下定决心从基础着手。我阅读了所有能找到的与“女性和金钱”主题相关的一切德文和英文著作以及相关报道，我仔细研究了统计数据和文献，这些数据证明了女性是如何处理金钱的。

她们是更关心自己，还是更喜欢依赖他人？

她们如何进行投资？

她们对自己的财务状况了解吗？

她们可以期待的平均退休金是多少？

我的研究结果令人沮丧。我感到震惊。

举个例子。请你想一下：如果你每个月只靠600欧元（1欧元=7.6706人民币）生活，会是多么困难。当然，你可以将这笔钱分配到一个月中，而不必挨饿。但是，这并不是一种体面的生活。这就是我们所讲的贫穷。比如，你可能买不起新鲜的水果，因为买了水果，你就会在其他地方缺钱。

现在的关键问题是：你认为有多少女性退休后的收入仅仅是600欧元——或者更少？如果女性人口中有10%的人是这种命运，那就太糟糕了。但是，事实似乎更为可怕，这样的女性占了女性人口中的大约80%。

我再重复一遍：80%的女性领到的最高退休金为600欧元。而这发生在我们这个如此富裕的国家。共同富裕了吗？几乎不可能。

财富从大多数女性身边溜走了。不能再这样下去了。

你可以建立家庭，养育孩子，拥有一份工作，经历不计其数的事情，除了金钱之外，你可以应付生活中出现的任何情况——你难道不觉得奇怪吗？

由此，我得出结论，女性能够更好地处理金钱，但是，很多人需要正确的指导。

很多女性缺钱。这是为什么？因为我们没有足够重视这件事。

对此，我深信，财富是我们与生俱来的权利，对男人或女人，对所有人，都一样。我也深信，积累财富是一件相对容易的事。

统计数据表明，女性比男性拥有更多的天然优势来变得富有。但是，大多数女性的财富远远少于男性。这是真的吗？如果真的是这样，这是为什么呢？

我想回答这些问题。为此，我设计了一份调查问卷，寄给了1100名女性。此外，我们还将精简版的问卷刊登在一家女性杂志上，向超过100万名女性读者征询答案。

如此透彻地研究女性与金钱之间关系的各个方面，也许是前所未有的。无数的回馈证实了这一主题是一种“新的意识”。问卷调查的结果令人惊讶，也构成了本书的写作基础。

我坚信我在《财务自由之路》一书中所说的。我相信这本书所展示的财务自由之路。但是，我感觉有必要传递一种新的信息，我要专门为女性写一本书，一本向你展示你可以变得富有的书。变得富有，也许比许多女性想象的要容易得多。

这本书着实已经成为我的关注点。我愿意帮助你，指导你走向财务独立和财务自由。

如果你正手持本书，那你一定是一位不寻常的女性。你希望改善自己的财务状况。你也知道这并不是很难。因为你知道，世上一定有你的一席之地。

生活可以变得很美好，前提条件是财务状况不能成为我们的阻碍，我们要让金钱成为我们生活中的支持力量。

实现这种状态，需要多长时间？我坚信，每一位女性都能够在7年之内实现财务独立。

当然，一切并不容易。但是，继续成为财务状况混乱的牺牲者，岂不是更糟糕？

金钱当然不是一切。但是，捉襟见肘之时，金钱就变得非常重要了。

本书会使你发生必要的改变。本书将告诉你如何实现你的财务自由。我期待与你同行。

我们的世界需要更多在财务上成为榜样的女性，这对于那些自认女性生活更为艰难的女性来说，是一种鼓励。事实上，女性在处理金钱方面，具有明显的优势。对此，本书也会谈及。

生命太短暂了，不应该在毫无作为以及贫穷的状态下度过此生。从另一个角度看，变得富有比大多数人想象的要容易得多。

那么，请你不要忘记：财富是你与生俱来的权利。这本书将向你展示，你如何实现这一与生俱来的权利。

而且，你将会知道：女性有钱真好！

你最忠实的

博多·舍费尔

目录

第二部分 如何赚到更多的钱，如何存下更多的钱

第一部分

赚钱的勇气——态度决定一切

▼男性和女性处理金钱的差异

▼女性最常犯的错误

▼认识态度，改变态度

人们觉得，顶峰没有太多空间。

我要告诉你的是，上面空间辽阔。

——玛格丽特·撒切尔（Margaret Thatcher）

第一章

男性和女性对待金钱有差异吗

谁拥有金钱，谁就掌控了规则。

对于女性来说，这意味着：

一旦有了钱，

她们的生活就不再受他人掌控。

——朱迪·雷斯尼克（Judy Resnick）

当你考虑要改变目前的生活时，有哪些东西是必需的呢？什么才能让你感觉到富有？是物质上的富有，还是精神上的充实？什么才能让你过上想过并且适合你的生活？

你大可以看着镜子，告诉自己："从现在开始，一切都会改变！"然而，你相信会有改变，一切就真的会发生吗？

所有的问题都直接或间接与"金钱"有关。金钱，当你在读出"金钱"这个词的时候，就有一种自由的感觉，很美妙，但金钱也常常会引发人们一些不愉快的联想。不知何故，我们立刻就有了自己的认同方式。我们对金钱的态度是影响改变的关键。

金钱很重要

认为金钱可以解决我们所有的问题，是十分愚蠢的。但是，意识到金钱可以给我们带来更多的机会、更多的安全感，更有可能帮我们实现梦想，结识更多有趣的人，让我们有机会踏足更多奇妙的地方，对我们产生更大的影响，也是十分重要的。

金钱是一种自由，能够使女性实现独立。迄今为止，金钱实际上比看上去更能解决女性的问题。因为在很多情况下，还没有实现真正的男女平等。陈旧的、固有的体制仍然占据统治地位。

令人惊讶的是，金钱能改变这种情况。金钱改变了你对自己的感觉，也改变了别人对你的感觉。女性深知，只有在财务上独立，才能实现真正的独立。只要女性还不能展示自身优势，关心理财，真正的平等就只是一厢情愿。

因为金钱真的很重要。金钱赋予女性力量。有钱人更能被人接受，人们更愿意聆听你的意见。金钱给予你一定程度的安全感。一般的事物将无法轻易地使你失去心理平衡。金钱起到了舒缓的作用。

金钱同样影响了生活的其他方面。有钱可以让你更好地表现自己，让你按照自己的想法生活，让你和家人过上应有的生活。有了钱，你可以更加轻松地实现自己的目标。你可以做出贡献，使我们的世界变得更加美好。

两种极端

我发现，人们对待金钱，通常有两种极端的态度。

有些人眼睛里只盯着钱，所有事情都围绕金钱进行，金钱是生命中唯一有价值的存在。我们大多数人都不喜欢这类人。

还有另外一种极端情况。这类人极力避免自己成为第一类人，他们避免在任何情况下与金钱打交道。对他们来说，别的东西要比那些“阿堵物”重要得多：人际关系、家庭、健康、精神、人情冷暖……即使我们不可能鱼和熊掌兼得。这类人尽可能地回避“金钱”这个话题：账单不拆开就放起来，银行对账单放在待办事项的最后。对金钱，尽可能闭口不谈。

重要的是，我们必须认识到这两种态度都属于极端情况，要找到一个平衡点。我们必须明确地知道金钱有多重要，我们希望在这上面投入多少时间，要学会把金钱变成生活中的一种支持力量。

在我们的文化中，可以谈论疾病的治疗方法，也可以谈论婚姻问题，甚至谈论我们的隐私。但是，谈到金钱，就没有人说真话。让我们转变一下思维，谈一谈金钱吧！

有差异吗

有一次，我正在一家餐厅构思这本书的内容。我在便笺上写下所发现的一些男性与女性处理金钱的差异。和我同行的一位生意伙伴，略带批评地浏览了一下我的笔记。

他说：“当然存在一些差异，但大部分只存在于少数女性身上。”

我刚要开始向他讲述我与研讨班女学员多次探讨的结论，以便给他上一课时，邻桌发生了一件事。这件事也许是“日常见闻”，并不值得大惊小怪。但是，这也许是很有意义的一件事。许多女性对待金钱的典型极端态度由此可见一斑。

我们观察到了以下情况。邻桌的夫妇准备结账。那位女士悄悄地把钱塞进男士手里，好让他把钱递给服务生。这也许是出于好意，女士显然想为男士免除尴尬。因为按照常理：“女人不能为男人付钱。否则成何体统？人们会怎么想？”

她偷偷摸摸的行为表明，她觉得自己做了“不该做”的事。对于这位女士来说，这显然是颠倒了“正常”的角色分工。这是依赖关系中的“角色倒转”。许多女性不把自己在财务上占优势，视为完全正常的情况或去享受这种地位，而是产生了一种内疚感，好像她们置身自己原本不该获得的权力中。

不只如此，那些习惯在公开场合自己付钱的女性，经常遇到服务生将找零的钱递给同行男性的情况。这当然是服务生的疏忽，但是人们在潜意识中，依然试图恢复惯有的秩序，就好像这世界上有钱的是男性，他们付钱是最自然不过的事情了。真是男权专制。

对此，我的看法完全不同。我认为，女性取得财务独立是世界上最天经地义的事情。在很多情况下，依赖别人并不值得大肆推崇，也没必要。我们无法用这本书一下子改善这个世界，但是，你可以改善自己的世界。你可以实现财务独立——在 7 年之内。这就是我写作本书的原因。

请你先了解一下我的经历吧。我想通过我的故事，和你说说我对金钱的态度。

博多·舍费尔的故事

在我 13 岁的时候，父亲就过世了。在他的葬礼上，前来吊唁的朋友对我母亲说的话，让我久久无法忘记：“他真是过劳而死啊。”早些年的经历，让我下定决心变得富有。当时的我很矛盾：一方面，我希望变得富有；另一方面，我绝对不想“过劳而死”。

这就与我所接受的教育相悖。时至今日，《圣经》中的这句话仍在我耳边响起。你可能也听过:“富人要进入天堂，比骆驼穿过针眼还要艰难。”（顺便说一下，这句话是完全错误的，其意义在翻译的过程中被曲解，我将会在“对待金钱的态度”这一章进行说明。）

一方面，金钱不是什么好东西——有钱人不能进入天堂；另一方面，我又想变得富有，因为我开始意识到有钱可以使生活变得更美好。

我在 26 岁那年破产了。不仅是财务上破产了，我的身体和精神也都崩溃了。我内心模棱两可的价值观，总是拉着我走向相反的方向。

我的人际关系全盘皆输。我变得孤独，没有自信。我感到沮丧。我为自己感到难过，我无法想象这一切会真正发生改变。最重要的是，我一点都不知道自己如何去改变这一切。

在这种情况下，我遇到了我的第一位金钱教练。我从他那里学到了金钱的基本法则。那些法则容易理解，但并不总是容易做到。我在《财务自由之路》一书中描述过。

几年之后，我实现了财务自由。也就是说，我可以依靠自己的钱在银行产生的利息生活。我赚到了一定数额的金钱，也实现了自己的目标，我过上了梦想中的生活。现在，我拥有了为之努力奋斗的一切。

接下来，发生了一件让我始料未及的事，我变得郁郁寡欢。空虚的感觉蔓延了我的全身。我意识到，赚钱并不必然意味着幸福。但是，我不想承认这一点。我欺骗了自己，因此，我一开始就没有感受到真正的幸福和满足。

面对外界，我总是装作自己很了不起，周围的人都羡慕我，我的确短暂地感到骄傲、自豪。但是时间一久，这种感觉也不能让我感到满足了。

请你想象一下，那时的我终于实现了自己的目标，能够依靠自己的钱生活，但感觉不到幸福。准确地说，我甚至感觉自己十分可悲。我觉得自己的生活很无聊，失去了前进的方向，似乎我的人生将会越来越沮丧。

一天晚上，我醒来后再也无法入眠。我开始反思。为了整理自己的想法，我打开日记本，将这些记录下来。我一直写到天亮。我记下了自己曾经对金钱的期待，描述了自己成功后真实的想法。

后来读自己当时所记的全部内容，我第一次意识到自己是不幸福的，觉得不能让自己继续这样下去了。我需要一种意义，需要一个任务。我想充满激情地去工作。

这之后的几年，我开始寻找自己的人生意义。我想知道自己是谁。如果失去了一切，我会是谁？我还想知道自己为何存在于这个世界。我能做些什么，让地球变得更加美好？

为了找到这些问题的答案，我花了很长时间。实际上，我早就浪费了很多时间。特别是因为，我起初是追求财富，而后才为了人生目标而奋斗。而现在同时做这两件事，让我感觉更好、更充实。

我有一个梦想：我想帮助其他人变得富有，让他们既拥有财富，又很幸福。我想帮助其他人实现真正的富裕。

我还有第二个梦想。尽管我能为成年人提供这方面的重要帮助，但一想到我们的孩子无法在学校学到这些，我仍然感到心痛。出于这方面的考虑，我想在非洲建立学校。

我和我的伙伴，与救济世界饥饿组织（Welthungerhilfe）[①] 一道，建立了 4 所学校。

我认为，给内心告诉我们的地方提供帮助，是我们的责任。现在，在我们的努力下，非洲每天有 1500 名儿童能够上学，有食物饱腹。对此，我深表谢意。

我为什么要讲这些？首先，我想告诉你我的观点。其次，我想向你解释为何本书并不仅仅限于财务技巧。我想帮助人们变得富有，变得快乐，两者是密不可分的。这就是我不只是在谈论金钱的原因。但是，我还要说："真正

---

① 救济世界饥饿组织（德语"Deutsche Welthungerhilfe e. V."），是一个独立的非宗教、非政治、非营利的非政府组织，成立于 1962 年，总部位于德国波恩。（译者注）

的财富是你与生俱来的权利。”

我并不知道你正处于哪个阶段——无论是财务上的，还是生活上的。

也许你正处于人生的盛夏，你觉得一切顺风顺水。那你可以从本书中寻找一些值得思考的想法。当然，其中还有很多有用的技巧。

也许你正处于人生的凛冽寒冬，不知如何度过接下来的几个月，心中毫无希望。如果是这样，我要祝贺你正拿着这本书。我相信，每一种痛苦的背后都藏着一个金矿，我们只需要发现它。我希望这本书能帮助你发现你的金矿。我知道，每个人都有一座金矿。

一个谜

我一直致力于研究“金钱”这一主题。我经历了人生的起起伏伏，见过处于不同财务状况的人。这些年来，我一直在问自己：“为什么有的人有钱，而有的人没钱呢？”为什么有的人眼里只有美元，有的人却一直无视金钱呢？而对于不属于这两种极端的人，为什么他们之间的富裕程度也存在如此大的差异呢？这似乎是一个谜。

你是否有过以下的观察？人们成长的环境相似，受到相似的父母、朋友、学校和电视节目的影响，拥有基本相同的机会，甚至赚着差不多的收入，但是，当我们查看他们的资产账户时，会发现不同。

当然，你肯定已经注意到了。你肯定认识一些人，他们精干、善良并且努力工作，但只存下很少的钱；或者还有一些人，他们看上去好像就要成功了，但是，突然发生了一些事情，他们又得从头开始。

我无法理解这一切的成因。我常常问自己，是否存在某种形式的高级审判者，某种物或某个人，随心所欲地掷出骰子，毫无系统，毫无计划。因此，有的人“幸运”，而有的人“倒霉”；有的人有钱，而其他大多数人没钱。老实说，我对此深表怀疑，至少我从未确信过类似的说法。

难道是那些“成功”的人有着比常人更强烈的欲望？难道是他们的能力更强？这一点我也没有观察到。从我的经验来看，我认为成因并不在于一个人的欲望，也不在于人的能力或智力。

内在障碍和外在障碍

是什么阻挡了人们去争取梦寐以求的财富？我认为阻碍我们前进的，是同一件事：障碍——财务上的障碍。

我总结出了两种财务上的障碍。

很明显，第一种是外在障碍。现金太少，没有什么机会，我们成长和生活的环境，对财务问题的了解太少，不仅限于漠视甚至懒惰的态度。这些障碍都是很容易识别的，也很容易克服。最终，我们都会解决我们意识到的任何问题。

第二种就是内在障碍，对付它就难多了。内在障碍很难克服。之所以困难，是因为我们在大多数情况下很难找到决定性的内在障碍。我所说的内在障碍，是指情感障碍。换句话说，就是我们对于金钱的想法，最主要的是我们想到金钱时的感受。正是这些情感障碍，真正阻碍我们拥有和享受梦想中的生活。

我坚信，我们不能将金钱和对金钱的感受分开。实际上，我们对金钱的想法和感受，最终决定了我们将创造和拥有多少钱。我们许多人没有获得想要的金钱，主要原因是想法和感受变成了内在障碍。即使我们希望拥有更多的金钱，但内心世界仍然建立了一些“观念”，使我们免受这些金钱的“侵害”。我们在内心深处不相信金钱会带来好处。

此外，同样是这些想法和感受——以及由此产生的“观念”——帮助其他人得到了金钱。因为拥有了积累财富和保持财富的情感基础。

换句话说，获得财富的原因就是我们的想法和感受。正是我们的“否定财富程序”和“肯定财富程序”，最终决定我们在生活中能够积累多少财富和保持多少财富，以及我们有多幸福。

是的，不能也不应将金钱与我们的感受、对金钱的态度分开。我们只能从整体上来解决这个金钱问题。

基于这些，我希望借助本书，让你获得一位实践式的咨询专家的指导，向你展示女性如何在 7 年之内实现财务独立。此外，我还想邀请你分析对金钱的态度，并做出必要的改变。只有双方共同努力，才会有真正的改变。只有这样，金钱才能成为你快乐的话题。

你拥有怎样的态度

涉及金钱，我们的感受拥有十分重要的话语权，这是一种必然的或合乎逻辑的结果。正是你的情感——你的财务行为所触发——决定了你今天的财务状况。未来，你的情感将继续指引你和你的财务状况。你的情感决定了你对金钱的感受，也决定了你对自己的感受。

研讨班的很多学员向我寻求建议。很久以前我就意识到，仅凭这些建议，并不能发挥作用。因为，如果态度不改变，问题很快会从另一个地方出现。把钱给这样的人，不能起到什么作用。如果想让干涸的河床再次有水流淌，那么，引入原河道的水流可能性更大。

我观察了研讨班学员对金钱和财富的想法。我得到的结论总是一致的，即结果是特定情感的体现。

例如，为什么有些人知道这不会给他们带来任何收益，仍然选择一次性将房款付清呢？答案就是：恐惧。“我害怕失去我的钱。即使把钱花在买房上没有给我带来任何收益，至少放在那里是安全的。”为什么女性将50%的收入存入储蓄账户中？还是因为恐惧。

有一次，我在电视上为一位陷入疯狂购物的女士做咨询。她在8周之内为自己和家人造成了4万欧元的债务。她觉得什么东西都适合自己。我问她购物时有何感受。她答道：“我很羞愧，也生自己的气。我该怎么办？”

有人说：“任何有关‘金钱’的话题都让我感到恐惧。”

有人说：“我没有安全感。我不相信自己能够做到。”

“我生我丈夫的气，他就这样把我们的钱从窗户扔了出去。”

我发现，研讨班学员一遍又一遍地使用相同的词。无论他们是否富有，是否有债务在身，抑或曾经富有而后来一无所有，抑或工作多年却没有存款，不知怎样支付下一份账单……他们都拥有相同的感受，就是从未获得足够多的金钱。

无论处于哪种财务困境，他们反复使用相同的词语——都是表达某些情感的词语——来描述。他们的回答总是反映相同的5种情绪：恐惧、内疚、羞愧、愤怒和自卑。

当生活被恐惧、内疚、羞愧、愤怒和自卑这样的情绪支配时，生命之舟一定不会驶向富裕和幸福。

72小时规则

我不仅想邀请你阅读这本书，还想鼓励你一起参与，采取行动，“越快越好”（SSWIM）。SSWIM是我们公司使用的缩写，代表着“<u>S</u>o <u>S</u>chnell <u>W</u>ie <u>I</u>rgend <u>M</u>öglich”。

尽快采取行动，就是基于“72小时规则”。我想向所有没有读过我的《财务自由之路》一书的人复习这一重要规则。

你是否经历过，你已计划好要做一些事，后来没有真正按照计划去执行？那么，欢迎你来到我们的俱乐部。但是，也许你是这样解释的："那是因为我没有纪律观念。只是因为我才智不够，也不是很喜欢纪律。"

这都不是你没能把计划付诸实践的决定性因素。真正的原因是：你没有遵守"72 小时规则"。这意味着，你必须在做出决定后的 72 小时之内，迈出实践的第一步，否则你开始做这件事的机会，就只有 1% 了。

能量贴士

请你使用本书最后的行动列表，在 72 小时之内开启实践的第一步。

- 记下当你完成这件事后，你的生活中有哪些方面更加富足。先不要考虑自己是否能做到。
- 前 5 行请保持空白。先在下面几行记下你希望做的事和采取的行动。读完本书时，再看看这些想法中哪些对于你来说是最重要的，然后将这些想法加在前 5 行中。
- 这样一来，你可以确保自己真正实践对于你而言最重要的 5 点想法。
- 随着自信的增强，你可以着手进行其他项目。
- 请记住，在 72 小时之内开始实践你的计划。

你要下定决心，不仅要阅读本书，还要让本书帮助你实现真正的富裕和财务独立。

个人财务状况的情绪测试

让我们先进行"自我分析"的测试。

这个测试不仅是简单地评估你的财务状况，还能反映你对自己的财务状况的感受。请你不要过多考虑你赚得多还是少，是否有具体的财务计划，是否知道年利率最低为 12%，是否有足够的储蓄金应对未知的意外，是否可以支付所有的账单，是否负担得起自己想要的奢侈品……不要仅仅以直白的数字来评估自己的财务状况。

相反，我想请你回想一下你对金钱的真实的想法和感受。因为我们内心的感受，影响了我们的生活。

现在，请你冷静下来，找到内心的深层感受。你要做一些笔记，这将使你更容易识别情感世界中的“共同线索”。

1. 金钱对于你来说意味着什么？金钱是一个快乐的话题吗？（这里说的金钱，包括你拥有的钱、你没有的钱，以及你某些情况下急需的钱。）

---

2. 你相信你的钱是应得的吗？你应该拥有更多，还是更少？你应该得到更多的钱吗？

---

3. 你是否觉得钱不够用？是什么让你产生这种感觉？你感到羞愧吗？你希望这种感觉消失吗？

---

4. 当你遇见一个真正富有的人，你会有怎样的感觉？你是否认为这个人一定不幸福？你是否认为这个人一定行为放肆？还是说，你会因此对自己的财务状况感到恼怒？

---

5. 如果有一个人和你的生活情况类似，但他比你有钱，你会有何感受？是沮丧、嫉妒，还是高兴？这对于你而言，是激励，还是阻碍？

---

6. 你对自己的财务状况是否有自信？

____

7. 你的财务状况对你的生活有什么影响？

____

8. 你如何用一句话描述你的财务身份？（我们都对安全感有需求。我们不仅需要吃的、喝的，以及住的地方，还想知道我们是谁。）那么，从财务角度看，你拥有什么样的身份？一个一事无成的女性？一个精明的女商人？一个愚昧无知的女性？一个榜样？一个食利者？

____

每当有人向我寻求建议或者帮助时，我都会先提出这些类似的问题。因为仅仅治愈表面症状，不算是真正解决了问题。我们必须根除其内在病因。没有人天生是财务方面的失败者，在情感方面，总有对应的原因可循。上述问题可以帮助我们找到原因。

请再次仔细阅读你的笔记。你注意到了什么？现在，请尽可能详细地描述你的整体财务状况。

____

____

____

____

请认真对待这些问题。这些答案会让你清楚地了解自己的强项和弱项。你会更清楚地了解自己的内在情感障碍。

如果目前恰好有财务方面的困扰，请你写下钱不够时你的内心感受。如果你攒下了一小笔钱，请你写下此时你的内心感受。如果你比朋友有钱，或不如他们有钱，也请你写下你的内心感受。

也许你认为这不会给你带来什么变化，或者你反正已经知道自己对于金钱的感受，我还是想请你用笔记下你对这些问题的思考。你会为自己所写下的内心感受感到惊讶。

请标出所有反映你的感受和情感的句子。虽然我不认识你，但我可以预测你使用了哪些句子描述你的恐惧、内疚、羞愧、愤怒和自卑。

我再强调一下：只有真正地静下心来，用“写”的方式来做个测试，你才能了解到自己对于金钱的感受和情感。如果你不了解自己的情感，你就无法改变。

不要依赖别人

我们很大程度上受到周围人以及一些重要经历的影响。

我的父亲是一位“强势的男人”。他不想让我的母亲受累，尽可能承担了一切。他盖房子，管理财务，支付账单，赚钱，制订预算计划，签下储蓄合同和人寿保险。我的母亲完全依赖他。甚至在他生病之时，一切也没有改变。即便知道自己时日无多，他还在操持一切。

后来，他离开了人世。我的母亲失去可以依靠的人。当时我只有 13 岁，妹妹只有 7 岁。悲痛袭来，我们感觉到彻底的无助。我永远不会忘记母亲哭着对我说：“博多，我不知道要从哪里开始。我从来不需要操心任何事情。”

后来我才知道，我的父亲生前买了人寿保险，所以我们不必受苦。然而，我的母亲还是崩溃了，因为她认为自己无法应付财务方面的问题。

我经常问自己，如果我的父亲没有早做准备，会发生什么？许多男人都不会这样做，或做得还不够。现有寿险保单的额度，常常不能真正弥补收入的损失。我的母亲真是不幸中的万幸。

但是，我们的财务保障可以依赖运气吗？我们的个人责任体现在哪里？

涉及重大问题时，我们绝不能依靠他人，任人摆布——即使是你自己的生活伴侣。

时代在变

当然了，这并非易事。许多具有传统思考方式的男性，通常从自己作为“养家者”的角色中，寻求生活意义和自我价值。几百年来，金钱一直属于男性的世界。在中世纪后期，德国一些城市的女性只可以拥有家庭财产中的两个半芬尼[①]。直到20世纪50年代后期，女性才可以拥有自己的账户。但是，时代在变，许多女性做了典范，靠自己的努力变得富有。

亿万富翁吉尔·巴拉德（Jill Barad）女士，就是凭借自己的努力积累了巨大的财富。她是世界最大的玩具制造公司美泰玩具公司的首席执行官。芭比娃娃就属于这家公司。巴拉德女士还通过并购和取得特许经营权，将诸如太空玩具、费雪、芝麻街、火柴盒、迪士尼和风火轮等品牌整合在一起。虽然有家庭（或许正因为如此），她仍然取得了这些成就。

让我印象最深刻的是埃拉·威廉姆斯（Ella Williams），她是1993年美国年度企业家。为撰写此书，我特意对她进行了采访。

埃拉·威廉姆斯访谈录

有些女性天生迷人，我们被她们的魅力深深吸引。我在1993年首次结识了这位女性。这位女性看起来有着宽广的胸怀。她的言谈充满激情和温暖，

① 芬尼（德语“pfennig”，简称“Pf”），一种德国老旧的辅币或纸钞单位，1马克=100芬尼。从9世纪使用到2001年12月31日止。之后德国使用欧元为法定货币。（译者注）

听众丝毫不会怀疑她的真诚。她谈到要改善女性在社会上的现状，人们不会觉得她只是夸夸其谈。她总是全力以赴，认真对待所面临的任何问题。

这位女性并非身无分文的梦想家，她就是20世纪最成功的商业女精英之一，埃拉·威廉姆斯。凭借在商业上取得的成就，她获得了所有人们可以想象得到的奖项和荣誉，比如美国年度企业家。她还获得了**年度商业人物、年度企业家、年度小型企业承包商、三次年度小型企业主承包商、年度杰出女企业家以及杰出女性等殊荣**。

埃拉·威廉姆斯的父母有12个子女。5个女儿的待遇与儿子截然不同，儿子可以做任何事。她的父亲对女性有自己的看法，他觉得女性就应该待在家中做家务、生孩子。埃拉想到外面去，想要自由，希望在工作上帮助父亲。但是，她得到的答案总是："待在家里，帮你妈妈干活。"因此，她对自由的渴望越发强烈。和母亲共度的时光也是好的。最重要的是，她从母亲那里学到了日后对她帮助很大的两件事——做饭并相信自己。她的母亲总是对她说："你能够实现自己真正想要的一切。"

年龄稍大一些，她更清楚地感受到自己作为黑人女性受到了歧视。但是，她接受了挑战，还成为第一位黑人啦啦队队长。这更加激励她相信一切皆有可能。但是，她的情况一开始并没有好转。她为了实现自由而结婚，后来婚姻破裂，又再婚。她的第二任丈夫有暴力倾向，与她分手后还企图报复她。他视她为自己的财产，根本不接受离婚的现实。他想从身体上、精神上以及经济上摧毁她。他继续虐待她，还试图将孩子从她身边带走，尽管他其实并不喜欢孩子。每天晚上，她都是哭着入睡的。

埃拉·威廉姆斯除了有两个要照顾的孩子，一无所有。她靠收集废饮料罐为生，每收集25~30个罐，仅仅可以换来15美分。不过，这样至少可以养活自己和孩子们。那时，她都35岁了，希望提高生活品质，但是，即使从事各种最劳累的工作，情况也没有改善。她很努力，但总是不能找到一份持久固定的工作。大多数情况下，公司都会将没有人愿意干的活儿交给她。

她鼓励自己："如果这样的工作我都能完成，我就可以当老板了，因为我已经掌握了最困难的那部分工作。"

一天，她读到了一则政府公告。这则公告改变了她的一生："政府保护从事非传统行业的女性，保证三年内不会出现竞争对手。"但是，除了这个承诺，没有其他帮助。

她碰巧又在同一份报纸上读到了系统工程师可以从军队得到订单的信息。她决定成立一家公司，专门从事使旧系统升级的工作。

但是，她对此一无所知。她没有大学学历，也不了解工程师的工作。除此之外，她未曾做过个体经营者，不知该从哪里开始办理所有的手续。但是，母亲的话一直深深地印在她的脑海中："你能够实现自己真正想要的一切。"她知道自己和男性一样聪明，只是缺少相关的专业知识罢了。所以，她将招聘需要的专业人员。

没有钱，一切都不容易。最终，她说服了一位市场经理和一位工程师为她工作。

所有人都知道未来会很艰难，因为她的企业计划看起来要 3 年才能签下第一份合约。这 3 年的日子，困难远非如此。她现在在新公司工作，为了赚钱，也做很多兼职。她欠下的债务很快就超过了 20 万美元。此外，她无法保证 3 年之后可以真正同军队做生意。那时候，她不认识军队里的任何人。没人愿意听信一位黑人女性的话。

但是，她还是利用了这 3 年时间，借助自己的厨艺与军方官员做了交流：她为男士们烹制了美味的食物，还定期带去自己烘焙的饼干和点心。这是她从母亲那里学会的：要征服一个男人，先征服他的胃。她在伙食不好的军队受到了欢迎，他们确实很期待看到埃拉·威廉姆斯到访。

在那个时候，她有没有过自我怀疑？她说道："我根本没有时间去怀疑，也不会去怀疑，我所有的一切都投入公司了。我必须成功，为了孩子们，也为了我自己。"

终于，她得到了给军队的高层决策者展示自己公司产品的机会。离最重要的准备工作还有几个月的时候，她的市场经理——已成为她的伴侣——突然离世了。她陷入巨大的悲伤不能自拔，所幸最后她还是打起了精神。她记住了过世伴侣的笔记，鼓足勇气，担当起展示公司产品的重任。她必须向专家展示产品的特点，回答问题。她表现得无所畏惧。大家对她很友善，毕竟大家欣赏她的厨艺。

最终，她拿下了800万美元的订单，800万美元！她不敢相信自己的运气，这看起来太不真实了！美梦很快就消失了。负责审核该合同的地区政客否决了她："你一无所有，不能一开始就拿到800万美元的订单。最多只能给你2.5万美元的订单。"埃拉·威廉姆斯的反应十分激动，以至于那个政客拒绝再与她交谈。

她要寻求政治帮助。她开车前往华盛顿，试图向议员求助。一开始她只能在州政府门前等待，没有机会。就这样持续了一段时间。不知从什么时候起，国会议员觉得她很和善，会和她谈上几句。她必须这样做，这关系到她和孩子们生存的基本问题。她在为自己的生活而奋斗。她和来往的议员交谈，不曾放弃。在这样不断的坚持下，事情有了转机。一位议员的秘书和她成为朋友，为她提供了帮助。越来越多的人被她的勇气和决心感染。

最终，她的合同获得了批准——受到了"上层"的大力支持。埃拉·威廉姆斯做到了。之后的3年有了着落。她终于可以招聘需要的人手，租赁办公室，向员工支付薪水。她继续为她的客户烹制美味，客户为她带来了新的客户，并在3年期满后又与她签订了新的合同，价值1200万美元。

埃拉·威廉姆斯希望通过我，同你分享一些信息。

- 最重要的就是自信。请你一直保持自信。自信会引起生活水平是贫困、中产抑或富裕的区别。
- 如果我能做到，那么每位女性都能做到。你要相信这一点。你也要教育你的女儿，作为女性，她可以实现一切。如果说，我作为一名黑人女性能够受邀同克林顿总统及其夫人在白宫座谈，那么，这证明了我们能实现一切。

- 请为未来做好准备。学会和新媒体打交道。
- 请为自己创造一个我们真正想要的生活环境。这完全取决于我们。我们要创造一个能充分发挥潜力的环境。

显然，许多女性没有承担起自己能尽和应尽的责任。以下几点表明，这是完全错误的：

- 统计表明，女性绝对是更优秀的投资者。
- 个体经营者中，破产的女性比男性少。
- 男性和女性的平均收入差距为 21%。

很多女性生活在贫困线以下

然而，在“女性与金钱”这个标题之下，隐藏着工业化国家最恶劣的弊端之一。其中所涉及的，并不只是女性的工资和福利仍然相对过低。时至今日，仍然有这种因性别而带来的不平等现象，这实在令人震惊。

我们来看一些数据。从整体看，女性工人的收入水平只达到男性工人的 86%，女性职员的收入水平则只有男性职员的 76%。随着年龄的增长，这种差距越来越大。尽管 26 岁的女性的收入是她的男性同事的 87%，但是，55 岁的女性的收入只有同龄男性同事的 66%。此外，女性通常在生产率和利润率较低的行业工作——这通常意味着低收入。

女性最高收入一直只与男性的平均最低收入持平。但是从长远来看，女性的收入普遍较低，不是最重要的问题。我们更应该重视“女性与金钱”这一问题。很多数据与事实都不尽如人意，至少应该引起我们的深思。

在这里，请允许我列举一些我在研究“女性与金钱”这一主题时收集到的可怕事实。

- 让我们看看“投资”储蓄账户。按照 0.5% 的最新利率计算，需要 144 年才能将存入的金额翻一番。例如，你有 10000 欧元存在储蓄账户中，那么，你需要 144 年才能得到 20000 欧元。这实在太久了。如果我们现在按照 2.5% 的通货膨胀率计算，30 年之后，你的储蓄账户中的钱就只值 5600 欧元了。因此，把钱存在银行，只会让你变得贫穷。尽管如此，很多女性还是把 50% 以上的钱存入储蓄账户。
- 80% 的女性仅仅依靠不到 600 欧元的退休金生活，这就使生活处于贫困线以下。
- 27.2% 的妻子不知道丈夫赚多少钱。她们根本不知道丈夫把他们共有的钱花在了哪里。
- 几乎总是男性在关心投资的事情。80% 的女性完全将财务大权交给男性——顺便说一句，并不一定是交给自己的伴侣。许多单身女性倾向于把财务委托给男性处理。这个男性通常是父亲、兄弟或者某个女性朋友的男性友人。
- 91.7% 的女性不得不接受婚姻法规显著的性别歧视，分居或者离婚常常给女性带来生存问题。
- 大多数女性不是为了积累财富而储蓄，而是为了购置大件物品，或者为了孩子。于是，妻子存下来的钱又花掉了，同时，丈夫的财产却增加了。

为什么很多女性没钱

这些弊端很糟糕。就拿收入差异来说吧，这就是不公平的，也不应该这样。无论怎么解释都说不过去。这让我感觉到很愤怒。因此，你可以在本书中找到完整的一章内容，帮助你轻松地在短短的 3 个月内将收入提高 20%。

然而，我们不应该把许多女性在财务上的不幸处境，归咎于报酬的不平等。即便我们仍然遇到许多这样的男性，他们没有促进其伴侣实现财务独立，也不能以此来为女性糟糕的财务状况开脱。当然，这些都有道理。但是，最主要的是我们要对自己负责。很多时候，是女性自己的行为，导致了她们糟糕的财务状况。

原因如下：

- 女性通常更注重家庭。她们最关心的是给予孩子好的照顾，营造一个温馨而舒适的家。与此相反，男性则更注重地位，希望通过金钱表现自己。
- 女性往往关心孩子、丈夫、父母，多于关心自己。但我们要知道，如果自己实现财务独立，我们能更好地照顾自己和他人。
- 女性的自我评价非常低。我在一份杂志上，读到过一篇有趣的研究报告。参加这项研究的女性要拟订一个理财计划。尽管她们知道会花一整年的时间在这个项目上，但仍有超过半数的女性忘记统计自己的收入，而她们都是企业管理专业毕业的。如果换作男性，就根本不可能忘记自己赚了多少钱。
- 即使是职位很高的女性，也不喜欢和金钱打交道。对于许多女性而言，金钱虽然值得去追求，但她们不想理财。她们抑制理财的想法，不会去理财。
- 女性依赖男性。很明显，这主要是因为男性希望如此。但女性似乎也不反对。因为这样更舒服、更简单。当与真正的财富失之交臂的时候，她就有了借口，是“他”没有做好。

概述

现在，是时候女性要和陈旧的理财观念说再见了。现在，也是时候女性开始建立自己的财务计划了。因为，女性有钱真好。

我将本书分成了四部分。第一部分，我们着重探讨你对金钱的态度。首先我们要认清女性在处理金钱时最常犯的错误（第二章）。请立刻比对，判断自己是否已经陷入一个或几个“误区”。

在第三章，你会了解到金钱能够真正满足你的所有基本需求，或者至少可以为这些需求做出贡献。你将看到你对金钱态度的变化，这会让你对金钱产生磁铁般的吸引力。这一章尤为重要，因为我们的态度最终决定了我们能否实现财务独立。

本书的第二部分内容，向你介绍如何赚更多的钱，以及如何存下更多的钱。你将得到如何处理债务、抵押贷款以及与银行打交道方面的实用技巧（第四章）。

在第五章，你会学到一种方法。这种方法不仅让存钱变得有趣，还可以使你获得比大多数人想象的还多的财富。当然，你赚的钱越多，储蓄带来的快乐和财富也就越多。

在第六章，你会得到公司职员和个体经营者如何提高收入的重要建议。

对于大多数女性来说，家庭比金钱更重要。其实，这两者在生活中并不对立。因此，每个女性都应该制定一些原则，让金钱成为支持和促进家庭幸福的动力。

本书的第三部分，则是关于“家庭与金钱”。在这一部分，你可以阅读到与你的现状相关的章节，这对你来说应该很有趣。

在第七章，我们将谈论孩子与零花钱。你会发现给孩子零花钱不是一种讨厌的义务，而是一个教会孩子理性地处理金钱的好机会。

如果正处在一段伴侣关系中，那么在第八章，你会了解到促成幸福的伴侣关系有哪些财务和法律的前提条件。

如果你面临继承遗产或者分配遗产的问题，那么请阅读第九章，你就能避开许多错误。

第四部分，也就是最后一部分，会给予你勇气。我们希望向你指出在财务独立之路上，可能会遇到哪些困难，你将学到如何应对这些困难。

第二章

女性对待金钱的 9 个错误

我们不能用创造问题的思维方式来解决问题。

——阿尔伯特·爱因斯坦（Albert Einstein）

如果说如今 500 个人里就有 1 个人是千万富翁，这是有原因的。因为现在成为千万富翁很容易，不是什么稀奇事。但是，如果你在几百年前出身穷人，你只能一生贫困潦倒，不会有什么别的出路。今非昔比，白手起家者，比比皆是，男女皆有。

尽管如此，仍有大部分人从未接近过财务独立。大多数人一直在贫困生活线上徘徊，这其中有一定的原因，我在《财务自由之路》一书中有所阐释。

在这里，我想探讨一些女性特有的问题。如果能够避免本章所列举的错误，你就能存下很多钱。

在阅读过程中，请自我检查，判断自己是否已经陷入了其中的某个陷阱。下面提到的几种错误都是很罕见的，但所有例子都将影响你的一生。这样的错误从某种意义来说，就像制订了消极的行动计划，致使我们的生活保持在一个本不必要的低水平状态。

我在 26 岁的时候破产了。我什么都不知道。为了得到幸福，我当时找到了一位金钱教练，他教给了我金钱法则。在他教我之前，我需要认清自己的位置。想要弄清楚我的财务状况并非难事，但是承认自己要为一切负责，就非常困难了。我当时并不认为一片混乱的状况全是自己造成的。

我的金钱教练当时问我："舍费尔先生，你在理财方面有什么计划？"然而，我并没有什么计划。我只是傻傻地希望自己多赚一些钱，困难就会随风飘逝。因此，我回答道："完全没有计划。我在理财方面没什么宏伟的想法。"

"你搞错了，"教练回答道，"你是有计划的。每个人潜意识里都至少有一个计划。只是你生活在你的贫困计划里。"

这让人不好受，但是，这句话如醍醐灌顶。人们的确需要一个"系统"，尽管人们努力工作，这个"系统"还是可以让人深深陷入负债。

你知道吗？那些在商品橱窗前久久徘徊而无力购买的人，会在感觉到背后有人时就走开。行为研究者对此的解释是，这些人知道自己没有能力购买任何东西，因此他们更喜欢给可能买东西的人让出空间。我相信这种现象也象征着生活的其他方面。当人们囊中羞涩的时候，他们就会下意识地躲到一旁。也许大多数情况下我们不会损失太多，但是我们会觉得，事情本可以不这样，或者一定会是另一个样子。我们感觉自己在阳光之下应有一席之地。

我们现在来看看，女性在和金钱打交道时，出现了哪些错误。这些错误都是我从研讨班的女性学员中留意到的。

一、为伴侣担保，签署贷款合同

给人做担保，就好像被扼住了喉咙，这句话说得有道理。因为，大多数情况下，实际上是由担保人支付款项，但担保人本人可能没有这笔钱。这样一来，你只能用积蓄或者本可以存下来的钱帮助他人。否则，你只能在多年后为这样一个“小失误”追悔莫及。你可能认为，出于爱情，你就要帮助你的伴侣，否则他将得不到这样一笔重要的贷款。我们确实应该全心全意帮助身边的人。但是，正如巴比伦人所说：“帮助并不意味着我们将负担从朋友的肩上卸下，然后由自己承担。”帮助并不意味着两个人都要一起变穷。

顺便提一句，我们应该把金钱和爱情分清楚。“出于爱情”为人做担保，实在不是明智之举。而当对方要求你做担保时，仔细想想他是否真的爱你。

除此之外，你还要想清楚到底从多大程度上去“帮助”人家。也许没有了担保，他会更加努力，也许他会更富有创造力，也许他只需要再找几家银行试试。

也许他会想到新的、更好的办法。最轻松的解决措施，不一定是最好的。

如果你本身有工作，而你的伴侣希望申请一笔贷款，那么银行会认为你理应做担保。对此，我给你几个建议：不要和你的伴侣选择同一家银行，这样不会使银行工作人员产生这种“愚蠢的想法”。此外，这样做的话，他们也不会知道你们两人有多少存款。

请你优先考虑进行财产分割或者婚后财产平均分配。由此表明你对伴侣的财务状况不承担责任。这样，当银行要求你的丈夫指定你作为担保人时，你要果断地拒绝。你果断地拒绝，银行的人就不敢再来要求你做担保。当然，银行经理肯定是尽可能地为银行提供保障，他当然知道，这样做是将你推到一个危险的境地。

大多数情况下，你的伴侣会在没有你担保的情况下得到贷款。但是，就算他不会得到贷款，你也不要因感觉内疚而妥协。你不能想象有多少女性来到我的研讨班，就是因为她们为伴侣提供担保，使自己陷入生活的窘境。大多数情况下，伴侣早就离开她们了，但要还的保证金还在，真是个“美好的回忆”。

同样的道理也适用于贷款合同。如果两人一起签字，那么你们就没有了转圜的余地。我只能建议你，尽可能地将自己的财务同伴侣的分开。

一方面，正如大家所知，1/3 的夫妻以离婚收场，没有结婚的伴侣分手的更是不在少数。

另一方面，尽管你和伴侣仍然生活在一起，也可能会陷入财务危机。如果两人都陷入困境，寸步难行，这样还有什么意义呢？如果两人中只有一人签字，万一出现了破产或者清偿的困境，还有许多机会可以避免更大的损失。当时如果两人都签了字，那么就很难有退路了。

当然了，银行工作人员会千方百计地让你签字。你可以反驳他，使他见到你，比见到他的上司还害怕，这样，你就一定不用签字了。

二、在共同生活时很少谈论金钱

很多女性明明知道自己的财务状况不好，还是避免谈论金钱这一话题。这就导致许多已婚女性对丈夫赚多少钱一无所知。

为什么女性很少谈论金钱呢？

一方面，她们想避免争吵。女性大多数都比较善良，但是沉默并不能完全解决问题。在许多情况下，保持沉默，甚至让你不能了解问题的严重程度。

另一方面，女性常常对金钱感到恐惧。正如美国著名财务心理治疗师奥利维亚·梅伦（Olivia Mellan）所说，关于金钱的一切，能够引起人们发自内心的恐惧。女性常常庆幸自己无须在这方面操心，但是，她们忽视了一点，在大多数情况下，女性在理财方面明显比男性做得好。

无论如何，最好还是能够开诚布公地谈论财务状况。

能量贴士（写给有固定伴侣的女性）

请你确定一天为“金钱日”，在这一天，你可以和伴侣一起考虑你们的财务问题。

- 你们可以把本书当作基础。当二位读完本书，你们可以针对书中你们认为的重要内容进行交流。这样做的好处在于，他并不需要完全听你的，而是听取了一位“中立”的作者的意见。
- 你们可以一起制订一个行动计划，列出清单，也就是在 72 小时之内开始行动。与此同时，请你仔细浏览一遍所有的“能量贴士”。你们打算从哪里开始呢？
- 你们要确定好各自的责任分工。
- 确定下次坐在一起的时间，以便交流事情的进展，做下一步打算。
- 思考一下彼此可以怎样互助，来实现你们的财务目标。
- 如果没有实现目标，你就要明白，自己要全力以赴，保障自己的财务安全。

三、过于依赖伴侣

女性倾向于将重要的事情交给他人负责。她们信任自己的伴侣。几乎没有女性认真考虑过她们的退休金，大部分人都不知道自己将拿到多少退休金。看起来她们也不怎么关心这件事。

只有当女性生活状况发生改变时，她们才会想起管理财务，比如离婚或者分居的时候。我不觉得发生这种事情能够让人把财务状况拉回正轨。现在就开始吧，反正你已经买了本书，这就显示出你与 98% 的女性不一样。

大多数女性为了购置大件物品而存钱，却没有积累财富。除此之外，她们只为孩子存钱。就像我的奶奶一样，自己都勉强生活，却常常塞钱给我和我的妹妹。不知多少女性闪着泪光告诉我，她们在为子女存钱，而实际上她们也没什么钱。如果没有收入，她们连 6 个月都很难坚持下去。

通过观察许多对千万富翁夫妻，我们知道大多数都是女性掌管家里的财政大权。为什么？因为大多数女性同男性相比，更善于理财。在美国，大家都这样说，所以，美国人的妻子在管理共同财产方面没有任何问题。只是在欧洲，这种做法还没有流行。也许正是这个原因，欧洲才被称作“旧大陆”。

作为女性，你要承担起责任！这就是你的生活！生活需要钱，也就是你的钱。这远远比 3 个大写的“K”（厨房、教堂、孩子）① 要重要。与此相反，你应该关注的是 4 个大写的“G”，也就是有钱、幸福、发挥天赋、做好事。②

为此，你需要两样东西——知识以及相应的态度。

获得知识很简单。阅读完本书，你就知道了管理金钱、保护金钱以及赚取更多金钱的必备知识。

态度方面，相对来说比较困难。因为这首先同你的财务状况相关，你是有钱还是没钱。你可能很有钱，却还有财富恐惧，害怕损失财富的那种恐惧，或者害怕没有足够的钱，或者钱太多了，害怕处理财产问题，害怕去面对。

跟你说一个让人清醒的事实，也许能够帮到你：我们越是避免一个话题，这个话题就越会给我们带来恐惧。

如果没有金钱方面的困扰，那就太好了。实现这个目标的途径，就在于自己理财，自己对钱感兴趣。为什么你就做不到呢？想一想那些你成功做到的事情。为什么你就不能赚到几个“阿堵物”呢？！

---

① 3 个大写的“K”，指的是“厨房、教堂、孩子”（Küche、Kirche、Kinder）3 个单词的首字母。（译者注）

② 4 个大写的“G”，指的是“有钱、幸福、发挥天赋、做好事”（Geld haben、Glücklich sein、Genie ausleben、Gutes tun）4 个词的首字母。（译者注）

四、把钱投错了地方

女性超过 50% 的收入都存在储蓄账户。正如第一章中我所说的，这导致她们越存钱，越贫穷。几乎没有女性敢去购买股票或者投资基金。从根本上看，女性比男性要谨慎得多，因此在投资方面，她们更加保守。也就是说，大多数女性没有很好地获利。为什么女性会更加小心呢?

心理学家发现，男女之间在恐惧方面存在显著的差异。令男性恐惧的主要是危险的事情，比如即将到来的灾难、自然灾害或者已知的危险。相反，女性大多对自己不了解的事情感到恐惧。尽管不存在事情发生的直接原因，女性也会感到恐惧，可能仅仅因为涉及某种未知的领域。这是一个微小却十分重要的区别。

无论是男性，还是女性，当今人们对于真正能够带来收益的投资活动知之甚少。有谁知道我们可以实现 6%~8% 的丰厚的投资回报? ——这里说的是固定收益，不存在风险。但是，大家做的只是研究这种可能性。正是恐惧束缚了他们的行动，就好像灾难即将到来。

通常女性更容易产生恐惧，因为她们不了解这类事情。这简直太让人遗憾了！如果女性决定在股票、基金等领域进行尝试，她们会成为出色的投资者。有数据显示，进行同样的投资，女性每年会多盈利大约 5%。

多赚 5%！这几乎是大多数投资者的全部收益。

大多数女性缺乏的是投资方面的启发。你可以从深入研究这一主题开始，读一些有深度的书籍和杂志，参加一些研讨班，同那些已经发现这一领域的女性进行交流，你就会发现这其中的乐趣。

女性对金钱的兴趣比许多人想象的要大

我研讨班上的一位女学员上了几周课之后，激动地找到我说："舍费尔先生，我以前觉得财务、股票、基金无聊至极。我也曾觉得最好不要和好朋友谈论这些事情，否则我肯定是疯了。但是在参加了研讨班之后，我这样做了。我很震惊。有几个熟人和我一样，她们之前也觉得不敢讨论这些事情。我们还发掘了一些新的话题。现在，我们不仅仅谈论日常生活，还会说一些着实有意思的话题。这让我们都有所收获。"

五、通过柔性权力补偿硬性权力（金钱）的损失

太多女性很快就把财政大权拱手让给伴侣。也许她们心不在焉地想改变这种状况。但是，如果另一半感觉到你并非认真想亲自管理钱财，事情不会发生本质上的改变。你必须下定决心改变现状，否则一切只是原地踏步。

对于硬性权力（金钱）的损失，女性通常用柔性权力进行弥补，比如孩子、亲人和朋友圈子。这会导致女性的社会能力提升，但是，她们的财务状况并没有好转。

没有什么能弥补金钱权力的损失。虽然金钱不是最重要的，但是如果处处缺钱，我们就不太可能享受无忧无虑的生活。

女性必须知道，这种形式的补偿只是一种逃避。友谊不能代替金钱，就好像金钱也不能占据友情和其他人际关系的位置。我们必须掌握生活中所有重要的领域，或者至少找到自己的责任所在，这样才能获得丰盈的人生。

六、女性收入少，但共同负担的开支一样多

我时常听说，有这样一些伴侣，他们共同负担家庭开支，还分摊房租，或者一方支付房租，另一方承担生活开销。当我继续问下去，就会得知，两人的收入却不一样多。

尽管没有控制一方占另一方便宜这样的规定，但是说到底，我认为这是不平等的。而且，几乎没有人认真考虑过这种事情。因为如果有这样的规定，那么其中一方可能会很有规律地存下钱，而另一方可能几乎什么也存不下来。然后，一方就积累了可供享受的财富（大多数情况下是丈夫），而另一方只能勉强维持支出。

如果根据两人的实际收益来分摊共同开支，就会有意义得多。

也许有的人会说，因为两人支出平等，所以每人要投入 50%。这也许有些道理，但大多数情况下，收入少的一方只能维持非常低的生活水准。

但是，当收入少的一方支付 50%，生活水平有所提高，那么这就超过了应得的份额。为此，请调整你在共同开支中的份额，使之与你的收入相符。如果丈夫的收入比你多了一倍，那么他在共同开支中增长一倍也是合理的。

你要这样想，你需要尽快对你的财产进行保护。这样你才能处于强势的地位。只有这样，你才能过上财务方面有尊严的生活，而那些尚未实现这一目标的人，都倾向于在生活中“退一步”。

七、女性对婚姻或伴侣关系，通常没有形成明确的协定

91.7%的人在结婚时，放弃订立法律协定，这样做通常打着爱情和浪漫

的旗号。忠于“直到死亡将我们分开”这样的誓词，在财务上依赖对方，也会被看作爱情和信任的标志。恋人之间的命运完全交织在一起。

在现在这个每三对夫妻中就有一对离婚的年代，拥有这样的态度实在是天真，而且缺乏责任感。

出于以下两个理由，我强烈建议你要订立明确的协定。

1. 尽管男方离婚总是抱怨法律倾向于女方的利益，但是离婚时，女性仍然处于严重劣势。比如，人寿保险（当然了，大多数是以男方名义签订的，因为他是“赚钱的一方”）的收益价值分割，通常是根据当前退保（赎回）价值进行计算，这还不包括他额外有权得到的利润和合约到期的红利。而女性对此完全不知情。这样，他就轻松获得了 1 万欧元的收入。

2. 本质上更严重的是另一种情况。只要双方没有协定，夫妻财产分开或不排除婚后配偶的财产，共有就不是自己在负担自己的生活。正是婚后财产共有，让人们变得更没有责任心。

妻子不必关心自身的财务状况，只是心安理得地依赖丈夫。法律规定原本为了保护女性权益而建立，在实际中却剥夺了女性的行为能力。这就导致大多数女性对财务状况漠不关心。与此相反，如果女性不受法律保护，就必须采取预防措施，那就是签署明确的婚姻协议，比如在协议里规定，子女未达一定年龄时，丈夫有义务支付固定的抚养费。

此外，女性要负担自己的生活。你要为自己的财务状况承担责任，这样，你不必依靠法律保障，也能创造财富。因为只要你想，你就可以把创造财富的机会牢牢地掌握在手中。

八、不愿承担风险

女性通常情况下比男性更害怕风险，这体现在她们的投资行为上。在工作中出色的女性，还有那些领导其他同事、担任决策角色的女性，在处理个人财务问题时，仍然倾向于避开风险。

这当然是以投资收益为代价的。如果你想获得高收益，就要准备好承担风险。但是，你绝不能盲目选择高风险的产品。收益应该放在第二位，最主要的还是稳健。因此，你要学会评估风险。未经你仔细考察的理财产品不一定就风险高。

更重要的是，你在投资之前，要掌握一些重要的知识。

最重要的原则，就是要掌控可能的风险。永远不要把全部的钱都放在一个篮子里。你要把钱分散到 5 项投资上，才能实现掌控资产。

从来就没有完美的投资产品。或者说，只有当回顾过去时，我们才能说哪些是完美的投资。比如，我们看到戴尔股票在 5 年之间增值了 900 倍，从 10 万欧元变成 9000 万欧元，太完美了！美中不足的就是，我们之前并不知情，也没有买他们的股票。投资中获得高回报和获得高收入一样，遵循这样的原则：利润越高，风险就越高。

但是，我们永远都不清楚，未来会如何。这就是永远没有完美的投资产品的原因。你必须身体力行。你永远都不会拥有一个可靠又完美的投资产品，也可能损失一些钱。我从来都不认识什么聪明的、从未经历过亏损的专家。

你越早有些亏损越好。这样你就会知道，亏损不可避免。尽管可能有这样或那样的亏损，你还是可以实现每年超过 8% 的收益。追求完美则意味着停滞不前。那些等待保障的人，是不会付诸实践的。因此，追求利益最大化的法则就是，宁可带着错误开始，也不要等待完美的投资。

顺便说一句，这句针对投资产品的话，也同样适于其他领域，也就是女性担心有风险的那些领域。让女性更加恐惧的是，自己或者公司背上债务，导致没有人愿意投资自己的公司。特别引起我注意的还有，女性害怕雇用必要的工作人员，因为她们害怕经历风险。这样做很危险。

这样做会使公司发展停滞。你会为日常琐事劳碌，以致脱离企业负责人的角色。实际上，作为企业家，你总要经历一种必须冒险的状况——如果你想盈利的话。如果错过了重大机遇，你可能永远也不会因为自己缺乏冒险精神而原谅自己。

我们的生活通常受我们做出的决策影响。我们没有做出的决定通常起着重要的作用，很可能是我们没有抓住的机会。

我的父亲就是这样一个例子。他刚刚盖了房子，一切都是按他想象中的样子建造的。之后不久，他就得到了所在公司一个去美国建立分支机构的岗位。他英语不好，又非常喜欢刚盖好的房子。我的母亲对于外派也有恐惧，最终他拒绝了这个机会，原因是“不能预计”风险。

那个接替了他的位置的人，最终成功在美国建立了分公司，3 年之后进入了公司董事会。而我的父亲从来没想到会是这样。如果他对风险不那么恐惧，他的生活会有怎样的轨迹呢？所以我们出于恐惧而没有做出的决定，很可能就是我们生活中没有抓住的机会，会影响我们的一生。

让人后来感觉后悔的事情，并非我们犯下的错误，而是我们没有做出的决定。

九、向伴侣要钱

尽管没有明确的规定，很多女性在一段关系中也通常处于一种被动的境地，也就是要向伴侣要钱。有些女性觉得这没什么，有些男性看起来似乎乐此不疲。实际上，这可能会让他们感到自己有支配权。慢慢地，他们的自我价值大大提升，以家庭顶梁柱而自居。

请你想一想，这样做有什么不妥。这种处境怎么会让你有自信？这样做，你怎么实现自我责任？这不禁让我想到了父母与子女的关系，而不是伴侣关系。

我向你保证，成熟的男性更加珍视财务独立和财务自由的伴侣。

每次你向他要钱的时候，你的地位就削弱一点，对他的依赖也就更深。

有一次，一位成功的女性被问及为什么会开创事业。她回答，正是丈夫的一句问话让她清醒过来，她由此开启了她的职业生涯。

有一天，她向她的丈夫要20欧元。他便问道："做什么？"

这就够了。这就是问题所在。就是这样一句"做什么"，让她清醒过来，她意识到自己所处的地位。她说道："我再也不要，永远都不要向别人要钱了。我再也不想向别人解释自己要20欧元做什么。"

这并不意味着非要在家庭之外开创事业。在我看来，家庭主妇是很受人尊敬的职业。但是，既然是职业，这份工作应该得到相应的薪水。

换句话说，尽管你不是以传统方式赚钱，你也应该得到薪水，而且应该是超出家庭开支的固定数额。这部分收入可以由你支配，不用开口要。你和伴侣要就这笔钱的数额达成一致，你就不必每次都去伸手要钱。最好的办法就是委托银行定期转账，约定在月初之时将这笔钱转到你的账户上。

财富值得去追求吗

你有没有在之前描述的一种或者几种情况中看到自己？也许你也有些事情被束之高阁了——那些十分重要，可以让你一生富足的事情。

在通往富裕的路上，人们经常会听到一些令人恐惧的故事。一位女士不久之前在研讨班上对我说："我有过两段婚姻。一切原本都很好，直到我有了新工作。两任伴侣都受不了我工作。我赚得越多，和他们的关系就越糟糕。金钱两次毁了我的家庭。"

这位女士深信，想要保持目前的婚姻，无论如何也不能去赚钱了。如果这位女士意识到自己可以轻易改变这种真正无用的想法时，那就再好不过了。她现在全心全意相信，有了更多的钱，就可以拥有更加美好、更加亲密的关系。

而这只是众多关于财富和财务的可怕故事中的一个例子。不要找理由说追求财富会导致健康受损，会导致忽视家庭，会变成痴迷金钱的怪兽，这些都与追求财富没有关系。

其中重要的是你对健康和家庭的态度，看你是否追求健康的生活，是否享受富足的婚姻生活。这些都是金钱买不到的。

金钱将产生积极的影响

无论如何，金钱对我们的健康有着积极的影响。如果说金钱在这方面扮演什么角色，那只能说，钱荒之时总是比有大把钞票可用要糟糕得多。

我不想知道有多少疾病是由缺钱引起的。至少我知道我 26 岁那年患胃溃疡，就和我财务破产有着紧密的联系。就家庭来说，财务问题也常常是导致婚姻破裂的罪魁祸首。贫贱夫妻百事哀，当一个人连下个月房租都不知在哪儿时，他的爱情之路也很难顺畅。这就意味着，对金钱方面的担忧更容易给家庭幸福蒙上阴影。与有钱人相比，没钱的人更容易从事犯罪活动。

我在这里也想抛出几个问题，这几个问题在某些情况下可能会给你带来不适。这几个问题可能与你坚定的信念和深刻的想法相冲突。现在是时候让我们谈谈对金钱的态度了。

让我们一同找寻内心对金钱的态度。我们一同找到一种途径来克服阻碍，交换有用的想法。

第三章

对待金钱的态度

我活得越久，就越认识到态度对人生的影响。
于我而言，态度的重要性更甚于事实本身。
它比你的过往、教育、金钱、环境、失败、成功都来得重要，
也比其他人的所思所言更重要。
它比外表、技能或者天赋都重要。
它可以建立或者毁灭一家企业、一所教堂甚至一个家庭。
最不可思议的是，
我们每天都可以选择持怎样的态度拥抱新的一天。
我们无法改变已逝的过去……
无法改变注定要发生的事情，
亦无法改变人们惯有的行事方式。
我们唯独能做的便是自始至终，坚持不懈，
这才是我们该有的态度。
我深信，
人生的 10% 是发生在我身上的事，
90% 是我怎么面对它。
对于你们而言，也是如此。
——查尔斯·史温道尔（Charles Swindoll）

你也许听过米达斯王[①]的传说。他所触摸的一切都会变成金子。现实生活真的有这样的人存在。现在，越来越多的女性似乎能神奇地吸引金钱。赚钱对于这些女性来说，好像是不经意的事情。但是也有一些女性，辛苦操劳，到了月底还是所剩无几。区别在哪里呢？

这不在于天生的能力和天赋。因为世上有数不尽的女性（也有男性），他们尽管没有最好的条件，还是获得了巨大的财富。同样，原因也不在于“想法”。大多数人都想得到钱，却只有少数人能够赚到钱。只有极少数人能够得到自己想要的结果。为什么呢？我们看一下结果是怎样得出的。

因为财富是先前一系列过程的结果。我们获得的结果，只是因果链条上的最后一环。

我们现在将因果链条从后向前展开。得到的结果与我们处理问题的方式息息相关。我们如何处理问题，也取决于我们的态度。我们的决定是我们注意力所在的一个结果。

我们关注什么由我们内心的对话决定。我们其实一直在和自己进行对话。我们提出问题，然后自己马上回答。

比如，说到女性必须财务独立和财务自由的时候，我能想象出如下的内心对话。

“有意思！”

“是啊，但真的是这样吗？有钱是不是真的好？”

“是啊，多一些钱我也能用得上。”

“看看这本书是不是像它说的那样。我先看看目录吧。”

可以想象，可能还会出现另外一种对话。

“我拿这么一本书做什么用？”

---

① 米达斯（Midas）是希腊神话中的佛律癸亚国王，贪恋财富，求神赐给他点物成金的法术，狄俄尼索斯神满足了他的愿望。最后他的爱女和食物也因被他手指点到而变成金子，他无法生活，向神祈祷后，一切才恢复原状。（译者注）

“没什么用处。我对钱的事情从来不感兴趣，反正这些东西我也不懂。这本书肯定乏味无趣。”

“我至少应该看一看吧？”

“千万不要！我还记得我上次买了这种类型的书。我花了很多钱，现在这本书还没有看，在家里放着呢。”

这两种对话一定会导致不同的决定，因为我们关注的事情不同。一本书不仅仅是一本书，对于我们来说，还是与我们产生联系的事物。绝对客观的现实是不存在的。我们只有关注特定的事物，而忽略其他的事物，才能创造“我们的现实”。这就是为什么爱因斯坦说“信念创造了他或她的现实”。

因为现在——由我们的问题引发的——我们脑中对于一种情况或者一件事物形成了某种特定的画面，所以接下来我们的决定是按照逻辑产生的。如果本书的目录证实了书的作用，我们能从中受益，那么购买本书就合乎逻辑。但是，如果我们知道自己不感兴趣，这本书买回家反正也是搁置的，那么不买本书也是合乎逻辑的。我们关注点的不同，导致我们处理问题的方式不同，进而产生完全不同的结果。

让我们回到内心对话。我们整天都在同自己进行对话，不断抛出问题，自己来回答。这其中，我们提出怎样的问题很重要。因为我们问题的质量决定了我们生活的质量。

比如，当遇到困难时，我们问自己“我能做到吗”，那么这就成了我们自己的问题。这样我们至少就考虑到了失败的可能。与此相反，如果我们问“我怎样才能做得最好”，那么我们是在假设无论如何都能做到。我们要做的是找到实现的途径。这个例子也说明，提出问题的不同，会让我们关注的东西完全不同。

是什么决定了我们内心的对话

为什么有时候我们会问自己一些有损我们自信的具有破坏性的问题（“我是不是真的足够优秀？”）呢？为什么我们心里会提出一些让我们停滞不前的问题（“我确定吗，这样是不是太冒险了？”）呢？还有一些引起我们内心恐惧的问题（“可能出什么问题了？”）呢？

此外，我们会提出一些“强迫”我们去处理的问题（“我必须抓住机会——我还在等什么？”）。还有一些问题引导着我们的思路向幸福和成功发展（“这个问题有什么好的方面的影响？”），激发我们积极地改变自己的处境（“我该怎么做才能使这些问题不再出现在我的生活中？”）。

因此，我们提出问题的质量决定了我们关注的重点在哪里，这样就影响了我们做出某些决定，这样的决定致使我们做出哪些行动，得到哪些结果。

但是，是谁或者是什么东西决定了我们提出怎样的问题，进行怎样的内心对话呢？答案就是，我们的信念、我们的价值观、我们对某些事情的态度。我们简称为“信念”。

信念是如何形成的

反之，信念大多是无意间形成的。我们都有一些对我们产生影响的经历和印象。我们在某种环境下长大。周围的一切——每个人、每一种方法、每一种表达——都对我们产生影响。我们尤其记得经历过的失败。首先是我们自己的失败，除此之外，还有我们周围的人的失败。正是记住这些危险和失败的能力，使我们生生不息。如果山洞里潜伏着剑齿虎和熊，我们的祖先学会了躲开这个山洞，这就是一个至关重要的经验。

如今，生存倒不是最严峻的问题了，由此，人们记住失败的能力产生了一定的局限性。任何涉及学习效果的事情，都会破坏我们的进步，而不是帮助我们。这就是我们打击自己建立自信的方式。

每一个铭记自己失败之处的人都打击了自己的自信。这样的人身体仿佛受到桎梏一般，无法取得积极的成果。因此，这种使我们得以生存的能力，今天正对我们产生不利的影响。

我们经常误解经历

我们把这称为我们的个人历史。我们的经历、印象以及我们当作榜样的人，都体现在我们的信念中。现在，在许多情况下，这仍不失为一件好事，因为我们可以从过去的错误中学习。遗憾的是，我们常常得出错误的结论。

一个婴儿爬上一张沙发，到了沙发边缘处，还继续往前爬，他摔了下去。他吓坏了，还把自己弄疼了。他觉得这是沙发的问题。沙发是危险的、恐怖的。在以后的日子里，他会避免接触沙发。

实际上，他只需要学会不要爬得太远。否则，合乎逻辑的结论是，婴儿一辈子都不应该坐沙发。这很好笑，不是吗？

基金的风险有多高

现在，让我们把婴儿在沙发上的故事转移到“风险”投资领域。我们看看如何处理投资事宜。

比如，有人认购了一家亚洲基金，希望在未来25年内获得丰厚的收益。

但是，对于发展中国家的发展存在周期性的事实，此人从未听说。

之后，该地区的行情暴跌了 50%。全世界深陷崩盘的恐惧中。但是，这些“专业人士”都忽视了这种低迷是正常周期的一部分的事实。因此，媒体也扩散了这种恐慌情绪。

在这种情况下，这位投资者匆忙卖掉了跌得很厉害的基金，这样，他亏损了 50%。这是让人很难很快忘记的经历。这是会形成一种信念的历史。比如，人们很容易觉得，“基金投资风险非常高”，或者“我没有投资运气。我涉足哪里，哪里就会暴跌”。

我们会受环境影响

信念的形成并非仅仅基于我们的经历，生活在我们周围的人也会将其信念“烙印”给我们。我们并非出于无奈而受周围的人的影响，但是他们的许多信念都保存在我们的观念中。这通常是在不知不觉中发生的。观念虽然还不是信念，但是有影响信念的倾向。只是需要证据。

让我们再以亚洲基金为例。假设这位无知的投资者是你的妹妹苏珊娜。从这件事中，苏珊娜“了解”到基金具有极高的风险，非常不靠谱。然后，她非常激动地对你诉说自己的巨大亏损，在你心里留下了深刻的印象。这样，在你的记忆中就形成了这样的观念：“基金投资风险非常高。”

此后，你的大脑开始寻找支持这种观念的证据。偶然间，你和一位女性朋友谈论起这次失败的投资，这位女性朋友同样有类似的事情与你交流。就这样，你关于“基金投资风险非常高”的观念，进一步巩固了。

就好像中魔一样，某次你和你的银行投资顾问谈论起基金。他用手拍了拍头，说道：“基金就好比玩一盘轮盘赌。你还是保持稳健的投资吧！如果本金没有了，追求高收益又有什么用呢？”（他的用意其实是：“还是买我们银行最不好的产品吧，这样你的钱就有了安全保障。就是说，选择了稳健的收益，刨除税费和通货膨胀的因素，相当于没有收益，但我们银行还是会赚得盆满钵满。”）这种“专家建议”的结果就是，你加深了基金是一种高风险投资的想法。

4 个证据足矣

你总共只需要 4 个“证据”，就可以证明任意一种观念都是“正确的”。而一种极可能影响你的一生的信念，也由此形成。我们的大脑为了证明一种观念的正确性，会不停地寻找相应的证据，人们称之为选择性感知。因此，即便我们看到或经历了可能证明这种观念荒谬的事物，也不会有所影响。

假设你又和一位女同事谈论基金的事情。这位女同事兴奋地告诉你，她多年来成功投资了 7 种不同的基金项目，平均年收益率达到了 9%。

对此，你可能不以为然，“她就是运气好而已，她最终还是会亏损的”，“她做得到，我可做不到。像我们这样的普通人，还是不要涉足此事”，“我妹妹理财时也是开局良好，最后还是亏大了”。

反面证据与我们的看法并不相符，因此常常被我们忽视。一般来说，只有当有些事情真的非常特别，或者非常符合实际情况，给我们留下深刻的印象，或者是持续地经历，才能被重视。否则，我们只能看到根据自己的观念所关注的事。这就是为什么说我们相信的世界是怎样的，世界就是怎样的。我们能够找到任何事情的证据，没错，就是任何事情。这就是存在这么多信仰、宗教、哲学以及政治团体的原因。每个人都相信自己的事情——因为他们通过选择性感知为自己找到了证据。

因此，因果链条如下图所示：

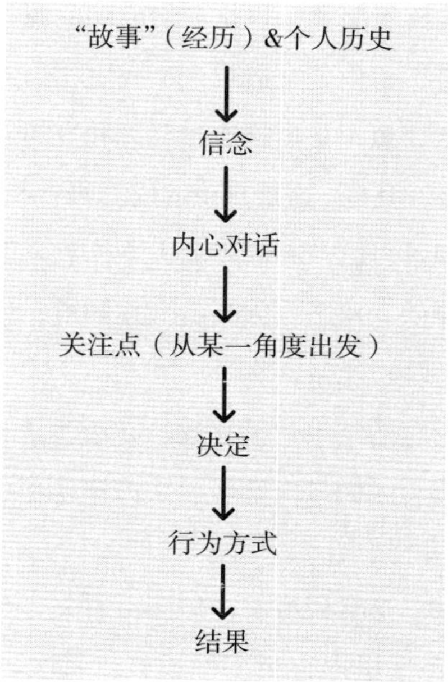

如何有效地改变信念

现在的问题是：要做出真正的改变，我们应该从哪里开始？

许多人接受的教育，直接给出这样的答案："你需要自律。"坚持和自律曾经是解决一切问题的良方（也许现在依然是）。自律的人能够获得成功与财富。不自律的人就没有机会。

我不认为自律和坚持是获得成功的最有力手段，我更相信热情和激情。在私人关系中，你不会盯着表看，对自己说："现在是下午 3 点 55 分了，我该给我亲爱的一个吻了。"对于这类事情，要么克服，要么就顺其自然吧。

当然，如果在因果链条上尝试改变我们的行为，我们一定能有所改变。但是，这需要极大的努力和自律。这样并不能保证成功。即使你做得到，也不能保证是否有乐趣。毕竟，我们都希望生活有乐趣。

自律是人类追求的终极美德，也是一切成功的源泉。我并不相信必须承受痛苦才能成功，我也不相信苦难造就人，我更相信人活着应该放轻松。当然，我也不是向来都这样想，我也是通过努力和自律才赚到了钱。从某种程度上看，我取得了成功。但是，这是真正的成功吗？我现在认为这不是成功。为了取得结果，我忽视了自己内心的声音，不注意自己的健康，忘记了寻找乐趣。我不想再走自律的老路了。因为我现在知道，还有一条更加舒适的路可以走，一条让人感觉轻松的路。

想要改变生活中出现的结果，最有效的方法就是改变信念。然后，一切就水到渠成，毫不费力，人们可以既轻松又愉快地尽享成功。我们就这样被“征服”了。这和自律并没有什么关系。

因此，信念是关键。这样说有三个原因。首先，与从因果链条的其他地方开始相比，你可以在这里取得更多的成就。其次，这一切是毫不费力地发生的，这其中很有乐趣。最后，你可以在35分钟之内做出最彻底的改变。只要你想，你可以用它彻底改变你的生活。

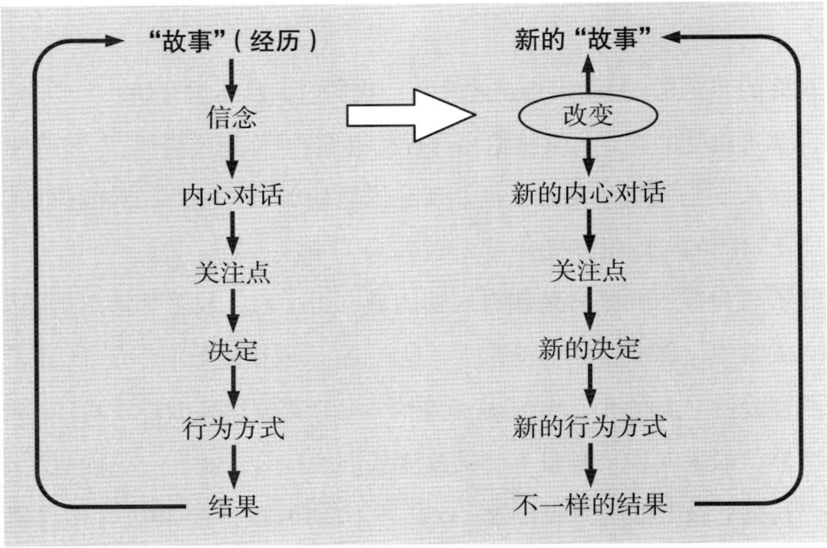

你不相信吗？这也不能怪你。因为我们生来就被教育先苦后甜。先要努力工作，否则我们不会得到回报（你意识到这只是一种信念。但不是特别有帮助）。

这让我想起一位曾经参加我研讨班的心理学家。他给我写过一封有趣的信。根据他的经验，改变不是那么容易，最重要的是，（一种信念）实施不会那么快。他有道理吗？你知道，我们能够通过我们的选择性感知，为一切找到证据。

他可能需要拒绝这种技巧，否则他平均持续了 27 个月的行动计划将缩短到 35 分钟。

我们偶尔倾向于在技巧很复杂且对我们提出最高要求时接受它们。但实际上，所有伟大的东西都是由简单的一砖一瓦构建而成的。

我在参加我研讨班的许多学员中看到过很多次了，这一技巧有用。你可以轻松改变对金钱的态度。

在某种程度上，这些信念就是你生活的软件。你被你所相信的事情“编程”了，进行了特定的内心对话，这使你注定只关注特定的事情……你已经知道因果链条如何发挥作用了。

因此，如果你替换了有价值的信念，你就会得到想要的结果。如果你改变自己的信念，其他的一切就会“自动”到来。

你的基本需求指出了你真正的态度

问题是如何认清自己的信念。当然，你有一种方法，就是回忆一下，你的父母和所有在童年时期塑造你的人对金钱的看法和说法，以及他们是如何处理金钱的。

但是，还有另外一种方法：明确自己的需求。

请你想一想：金钱从多大程度上能够满足你的个人需求？无论是富人，还是穷人，都有类似的基本需求。所有人都有6个基本需求。但是，要满足这些需求，需要不同的环境和条件。某件事是否满足我们的需求，取决于我们的信念。

接下来，如果我们在金钱的基础上研究这6个基本需求，你将完全清楚自己对金钱的态度。而且，你会知道自己是否要坚持这样的态度。因为你将完全了解，哪些态度能够促进金钱的积累。

金钱只是满足我们需求的一种手段

我们都有一定的需求。我们生活是否幸福，在很大程度上取决于我们满足这些需求的程度。因此，至少我们都在下意识地满足自己的需求。现在，很多情况下，没有钱的人反而比有钱的人更容易满足需求。

比如，我们对爱情和联系都有需求。在这种情况下，我们寻找一种联系，想不分彼此，想要分享和寻求亲密，想要成为整体的一部分，想发展团队精神，想要连接在一起。特别是女性，常常很难想象金钱能够满足这一需求。

相反，金钱看起来似乎是满足这一需求的障碍。金钱看起来更像是破坏家庭的始作俑者，而没有起到建立家庭、巩固家庭的作用。

大部分我采访的女性，提到金钱和家庭，都是这样想的："父母为了赚钱而努力工作，忽视了家人。孩子们见不到父母，父母实际上是住在公司里……"

因此，很多人得出了结论：我要有足够的钱去生活，但也不需要多到毁灭家庭的地步。而这是正在发生的情况：你的钱够你活下去，但不够你"正确地生活"。至少你远远没有过上自由的生活，在阳光下的生活。

很少有人意识到，他们对金钱和家庭的信念，是典型的"否定财富程序"。在仔细分析之前，我想先向你介绍6个基本需求。

6 个基本需求

基本需求一：安全感

首要的是对于安全、舒适和稳定的需求。我们只有摆脱压力，感受到安宁，简单地生活，享受和平，并维持各种形式的稳定关系，这一需求才能得到满足。

金钱是如何满足安全感这种需求的呢？好吧，这似乎并不困难。你会说，我拥有的钱越多，我越觉得有安全感。确实，对你来说可能正是这样。但是，我认识许多女性，她们拥有的钱越多，就越没有安全感。她们处于持续的焦虑之中。她们害怕失去那些金钱。

让我们拿意外继承来举个例子。

对男性来说，以这种方式获得大量金钱，通常会让他们信心倍增，但是这对女性来说，会引起羞耻感和内疚感。大多数女性对使用通过金钱获得的权力心怀畏惧。原因之一就是，许多女性大多经历过权力滥用。

实际上，从天而降的财富在女性看来，并不意味着喜悦。女性对此通常心存畏惧：害怕被人忌妒，害怕被人敲诈，还害怕必须在众多求助者之中进行选择。

· 金钱能给你带来更多的安全感吗

金钱会给你带来更多的安全感吗？大多数人对此的回答是：当然不会！实际上，金钱会给你带来一系列新的问题。但是，如果你愿意，新冒出的问题就是幸福的烦恼了。总体而言，你的金钱生活会处于更高水平。

让我解释一下。这就好比学习。学习并意味着彻底回答出全部的问题。

如果你参加了一个研讨班，或者阅读了一本好书，你会有新的问题。你的问题甚至会比先前的更多。但是，这些问题的水平上了一个台阶。

更多的钱带来新的问题、新的烦恼、新的挑战。你必须认识更多的人：顾问、基金管理人——这些人有好有坏。你也会犯这样或那样的错误。这发生在我认识的每一个人身上。但是，如果你遵循了本书中的规则，那么你的损失就会非常有限。

如果你亏损了一点儿钱，会怎么样？如果你赚了一大笔钱，损失一小笔，你的总体状况仍然会比以前好。道理很简单。但是，许多女性内心深处不认同这一点。

你从哪里可以识别一个东西是否还活着？一块石头和一块活珊瑚，有什么区别？答案很简单：活着的东西在成长。静止不变的状态在自然界是不存在的。

当你面对这样的挑战，学会积累财富时所发生的一切，就是我所说的生活。当我们成长的时候、学习的时候，我们才是在“正确地生活”，尽管我们还会产生新的问题。“正确地生活”，就是当我们准备离开舒适区时，所发生的一切。

请你回想自己人生中的一些成功。你想到了什么？很好，如果你正在考虑取得这样的个人成功，我和你打赌，你必须离开舒适区，才能迎接新的成功。无一例外。我们能取得几乎所有引以为傲的成功，正是因为我们进入了最初使我们感到恐惧的区域。

· 金钱能满足你对安全感的需求吗

我们认为，如果突然间得到一大笔钱，你会感觉不安全、不自在。

尽管如此，为什么在我看来，金钱还是可以满足人们对安全感的需求呢？因为我们必须通过金钱成长，这样我们会变得更强大。其实，世界上本没有安全感，有的只是机会。我们变得越强大，就越有安全感。自信使我们能够抓住机会。

在我们的潜意识里，我们希望自己得到最好的。这才能使我们的需求得到满足。金钱可以满足我们对安全感的需求。但是，金钱也可能起到与愿望全然相反的作用。这仅仅取决于我们怎样意会。我们也可以说，这取决于我们进行怎样的内心对话。同时，这也和我们的关注点、我们的信念有关。如此，本章阐述的因果链条循环，到此结束。

金钱本身既不能满足我们的需求，也不会使我们的满足受到威胁。起决定性作用的，始终是我们心中的信念。

那么对你来说是怎样的？拥有更多的钱，可以满足你对安全感的基本需求吗？为什么可以？为什么不可以？

____

____

____

除此之外，请你问问自己：你能够做些什么，使金钱（更多地）满足你对安全感的需求？金钱怎样才能使你感觉到更安全？你怎样才能训练自己拥有这种安全感？（比如，随身带着 500 欧元现金，利用这种方法让自己对金钱感觉自在，并且觉得自己很富有。）

____

____

____

注意，请务必用笔回答这些练习。仔细回答之前，请不要继续阅读。与实际行动相比，我们都知道得太多了。“知道该做什么”和“做我们知道的事情”之间，有很大的区别。真正的学习，意味着将我们的知识付诸实践。

你还记得我们先前得出的结论吗？许多女性很有理财天赋，但实际上，她们对待金钱的方式并不明智。

好吧，这主要与我们的情感以及对待金钱的态度有关。如果我们从心底里相信，金钱并非满足我们最重要的需求的钥匙，那么，我们的财务独立之路，必将荆棘丛生。

为此，请认真对待这些练习。你也想自己能神奇地吸引金钱，不是吗？

基本需求二：冒险

这个基本需求似乎正好与第一个需求互相矛盾。因为不稳定、多样性以及冒险，正是安全和稳定的反面。我们“冒险”的需求得到满足的特征，在于惊喜，在于各种差异，在于一切形式的变化、挑战、激情以及建立新的关系。

实际上，需求一安全感和需求二冒险只是整体的两个部分。这种矛盾称不上是悖论。

需求一和需求二并不矛盾，二者相辅相成。例如，如果你的工作绝对舒适和稳定，你日复一日、年复一年做的都是同样的事情，那么你会感到无聊。如果与此相反，你接受一次严峻的挑战之后，马上需要面对下一次挑战，你饱受一次又一次的冒险折磨，工作中的一切都在不断地变化，那么你也会感到有压力。

在婚姻关系方面也是如此，这就解释了为什么有些人有了丈夫 / 妻子，同时又有情人。这一方面满足了安全感的需求，另一方面又满足了多样性和冒险的需求。为了过上真正快乐和充实的生活，两个需求我们都要满足。我们需要找到两者的平衡点。我们要了解，为了幸福，两方面各需要多少。

· 金钱如何满足你对冒险的需求

如果我们手头上的钱不多，那么对于冒险的需求，表面上似乎比对安全感和舒适的需求更容易满足。一位债务缠身的朋友对我说："博多，你做的事情无聊极了，任何一个人都能做到。手上有几百万欧元，生活就谈不上什么激情和冒险了。"他接着对我说，他连下一个月的房租都不知从哪里来。这才是一位真正的生活艺术家，这才是冒险一般的生活。与此相反，我的生活无聊至极。

富人可以用金钱来满足自己对冒险的需求。因为如果有钱，我们就可以将时间用在我们觉得有趣的事情上。如果不必为赚取生活所需而工作，那么我们就更有可能去接受挑战。我们可以去结识更多有趣的人，因为这是我们的兴趣所在。有些人证明了自己可以很好地处理与金钱的关系，而另一些人被证实了并不能很好地处理金钱问题。这两组人当中，你更想同谁交往呢？你能想象其他人对此事也会有相似的看法吗？

请你相信我，对于大部分真正的生活（或者商业方面的，社会生活方面的通常亦然）冒险者，我们首先要进行评价。金钱只是一张优质的入场券，一种公认的标尺。

这些例子并不一定是正确的。因为正如我们说过的，信念无关对错。所以，它被称为"信念"。但可以肯定的是，一种认为我们可以用钱来满足基本需求的信念，与使人们难以满足基本需求的信念相比，更有助于积累财富。

请你再想一想自己的情况。拥有更多的钱是否可以满足你对冒险的需求？为什么可以？为什么不可以？

____

____

____

请你再想一想。你能够做些什么来使金钱（更进一步）满足自己对冒险的需求？你怎样才能确定，你能在金钱上找到更多的可能性？在某些情况下，你可以在不危及自己生存的情况下冒险从事自由职业。即使它不起作用，你仍然有足够的资金赚取利息，过上好日子。

____

____

____

基本需求三：独特性

第三个需求就是追求意义、独特性以及重要性。诸如此类的事情很重要，比如变成有用之才、实现价值、变得有意义，再如拥有自我特性、取得个人成功，表达自己的风格并按照自我价值观生活，并由此产生正义感。

那些极其重视追求这类需求的人，容易过分关注自己，而过多的独特性又使人感到孤独。

许多女性刚好有这种倾向。金钱似乎几乎满足了这一需求。就这样，她们成功且自私的特点愈演愈烈，占了上风。

这种想法的背后，是对这种基本需求的否认。人们于是转向与这种需求相反的需求：追求爱和联系。这看起来更像一种典型的女性特征。很多理论表明，在这方面，许多女性在面对第三个需求时，会进行推理，这就充分说明女性放弃了太多，仅通过他人获得成功的事实。

这样做的危险显而易见。其中之一就是我们最重要的需求被忽视了，个人离幸福感还很远。因为我们越是需要爱和联系，就越是需要个人成功和自我的独特性。一旦少了这些，生活就必然陷入无意义的状态。

许多女性被人劝说，追求个人成功很不好，没有回头的路，你可能和她们一样，听人家这样说就会感觉不好。有人认为，为他人生活、服务他人通常是更高尚的理想。实际上，付出过多既不能使自己快乐，也不能让他人幸福。我们也要找到其中的平衡。

然而，金钱对满足我们对于独特性的需求大有裨益。金钱可以直观地衡量成功，没有金钱，实现意义和行使权利就困难得多。金钱也使表达个人风格更加容易。我们可以用金钱更好地实现我们自私的和无私的愿景。我们会更加有底气地说出我们的想法，得到更多尊重。

人们常常批判这是对金钱意义的过誉。但是，这不仅仅是纯粹的物质社会的肤浅产物，其中也有一定的意义。因为金钱是可以衡量的，而华丽的辞藻不可衡量。为了保护自己，我们必须时不时地让事情变得简单，减少到可衡量的范围。这就促成了金钱的出现。因此，根据人们的财富对其进行评估也就成了一种自我保护。

对此，请你想一想。金钱能否满足你对独特性和重要性的需求？根据目前为止所读的内容，你是否认为想满足这方面的需求（也包括通过金钱来满足）是完全合乎情理的？为什么是？为什么不是？

____

____

____

你已经真的做过这些练习了？没有的话，你将错过本书最重要且令人惊叹的部分之一。

现在，我们来谈谈你的行动计划。

你如何确保金钱可以满足你对独特性和重要性的需求？你具体可以怎样做？你怎样才可以更加专注于给自己带来乐趣并且真正有意义的事情上？你可以继续发展的天赋和能力有哪些？

在哪些方面你是独一无二的？有没有什么事情是你能做到，而别人做不到的？有没有什么工作，没有你，其他人无法完成？回答这些问题，将为你指明独特性的道路。

基本需求四：爱与联系

与第三个需求相反的是对爱和联系的需求。第四个需求指的是对于联系的渴望，想要成为一体，互相分享，体会亲密，成为整体的一部分，紧密联系在一起。例如，团队合作精神就是一种受人欢迎的特质。

许多女性认为她们生活的意义正是在于此。她们牺牲自己，成全他人。然而，现在需要考虑的是，尽管这样做很有意义，但这种生活有没有否定了生活其他方面的可能性和机会，而把生活限于唯一的方面？

此外，她们很少得到感谢。这样一来，大家就越来越觉得一切理所应当。这样做，很容易产生的风险是，那些爱别人、牺牲自己的人，往往使生活陷入无意义的境地。

至此，应该做的是调和一下。因为那些忽视第四个需求的人，会很孤独，会错过生活很多精彩的方面，就像一种基本需求都没有得到满足。

对于大多数女性来说，她们很难想象金钱能够满足对爱的需求。很多时候似乎与此相反，正如前面所述，人们认为追求金钱似乎会使家庭破碎，而不是使家人凝聚在一起。金钱看起来让人不理智、冷酷无情。

说这种话的人都是没有钱的人。有趣的是，从富有的人口中，你可能从未听过这种说法。与此相反，我同很多富人聊天时，他们都确信正是日益增长的财富促进了家庭的和睦。

大家可以有更多的时间陪伴彼此，不必因为钱而大伤脑筋。人们可以投身更能使自己满足的事情。人们可以更加稳定沉着。反过来，可以促使你更多地为伴侣付出。人们可以不做那些无趣的工作，可以在家享受更多生活的乐趣。

越来越多的财富对于自信也有着积极的作用。人们会更加尊重自己，更加自爱。许多人懂得自爱之后，会给予伴侣更深的爱。这样的爱更成熟，更令人满足。

在财务上依赖他人的人，在生活中也很容易产生依赖。说“我需要你”之类的话，就是对伴侣产生依赖的一种标志。我相信，只有彼此对对方无所求的情况下，当我们独立，尤其是财务独立时，才可能产生真爱。

当然，我们可以对这些论点进行激烈的讨论和质疑。很显然，这涉及的是信念，所以并无对错之分。在这里，我们可以通过选择性感知为两种观点找到证据。

无论如何，如果找到一种方法相信金钱能够满足我们对爱的需求，那么，这对于我们创造财富是有益之举。也许你要做的，是提出这样或者那样的信念，然后做出相应的改变。

· 我们接受其他信念到底对不对

首先，重要的是我们要确定自己的确有这样的机会。你在任何时候都可以改变自己的信念，而这并不会改变你的身份，你还是你自己。因为只有一个人能使之发生，那就是你自己。

你并不是自己的信仰之物，也并非自己的思想观念，你是思想观念的产生者，是决定自己相信什么的那个人。

正如我们确定的那样，我们大多数时候都是“随机”接受一切意见。然后我们寻找支持意见的证据。大多数人从来没有离开过这个阶段。他们只在某种程度上活着。他们生活在别人为其编写的剧本中，从来没有思考过信念的问题。就这样，他们永远都不会成为生活的主人。

如果与之相反，一个人接受其他方面的信念，对其进行分析，并与明确拥有该信念的人交好，这样她就迈出了重要的一步。如果她能始终如一摒弃无用的信念，换来有益的信念，那么她就会控制自己的生活。从我们开始这样做的那一刻开始，我们就成为自己生活的设计师，我们便真正开始成长了。现在，我们可以创造自己的未来，我们不再是自身教育、环境及所受影响的产物（或者说是牺牲者），我们自己决定自己的生活。

我们可以决定金钱在多大程度上满足我们对于爱、独特性、冒险以及稳定的需求。这一切都取决于我们自己。因为财富是我们与生俱来的权利，但是这需要我们自己来操持。

请你问问自己。根据你现在的知识和价值观，金钱从多大程度上可以满足你对于爱和联系的需求？你和伴侣共同生活中的哪些方面（现在的或者未来的）可以通过金钱得到改善？为什么可以？为什么不可以？

____

____

____

下面，请你问问自己。为了使金钱满足你的第四个需求，你可以做些什么？为了体会更多的亲密感，你可以把金钱通过何种方式投在哪里？为了使金钱增进联系，你可以做些什么？你怎样把这些想法，传达给那些对你很重要的人？

如果现在觉得金钱更可能损害家庭幸福，那么，为了找到证据去证明金钱实际上有放大镜的效应，你可以做些什么？或者金钱本来就能够从已有的东西中创造更多？

那么，一个有钱的坏人就有更多的权力、更大的影响为非作歹。

而一个有钱的好人，就更有可能获得被聆听的机会以及尊重，有更多的机会做好事。

一个有着崇高理想却没有途径去实践的人，往往容易成为白日梦想家。

许多人对于这样的人，只会一笑而过。一个有财富，认为世界应该变得更好的人，会被人真诚以待。人们认可他，尊敬他。而且，由于我们很少凭一己之力完成一件大事，因此，表达自己的意见以及受到尊重，十分重要。那么我们怎样才能建立专家联络网呢？

金钱有放大镜效应，这同样作用在关系层面上。一段无可救药的关系，可能出于金钱的原因彻底破裂。一段美好而幸福的关系，可能通过金钱获得更多享受的方式和机会，这段关系也会更加深厚。金钱可以放大爱情。

也请你不要忘记，金钱不可以也不应该取代爱情。但是爱情不能够，也不应该取代金钱。

同样，我们具体要怎样做，才能够找到新的、有益的信念呢？那些终其一生证明了金钱可以在人际关系方面为人们带来幸福的人在哪里？

请阅读那些成功的男性和女性的传记，更多地和你想成为的那种人联系。这样，你可以积累所需的支持你的财富观念的证据。你已经知道的有哪些证据呢？

如果你一直深信金钱会使家庭破碎，请你有意忽视这些证据。你把注意力放在寻找金钱能摧毁一切的证据上，效果就像你看《豪门恩怨》（*Dallas*）一剧时，接受了小尤因的做法。[①]

这样，你可能要多付出一些努力来寻觅新的观念。但这是非常值得的。

____

____

____

① 《豪门恩怨》（*Dallas*）是美国 CBS 在 1978 年推出的一部描写豪门家族命运的连续剧。剧中反映了美国石油富豪家族命运的变迁，以及几代人之间恩恩怨怨剪不断、理还乱的关系。小尤因是剧中美国得州石油大亨尤因家族的三个儿子之一，他是个与众不同的鲜明人物，坚定、深沉，有很重的心机，誓言要掌控整个家族的未来，对挡他路的人不会顾及任何亲情或友情。（译者注）

基本需求五：成长

接下来的一个基本需求则是成长，表现在我们对学习和研究的与生俱来的渴望。我们希望在自身可能性以及影响面上得到成长。我们希望拓展自我，变得更强。

也许你在怀疑这种需求和天生的需求有什么关系。许多人都倾向原地踏步，拒绝成长。

请你想想进化论。所有的生命体都渴望继续成长。请你想想自然界为了确保发展而演化出的不同形态。这并非仅仅为了存活下去，而是为了变得更加强大，获取更多对生活空间的控制，拓展生活地盘。物竞天择，适者生存。

在学校中我们就学过，只有最强的人才能占上风。正因如此，我们都希望自己成长起来，变得更强。因此，为了实现这一目标，自然界选择了多种多样的方式，目的是通过特殊抵抗力，在规模及强度方面实现进化。总之，一切生物总是倾向于改善、适应和成长。

· 我们要看到关联性

这里说的并不是肆无忌惮，野蛮生长。确切地说，为了解释这其中的联系，我们需要提一下第六个基本需求——付出。这其中的关联看起来是这样的：我们越是成长，就越能获得更多的力量，之后我们的责任就越大。因为我们生活在一个互联互通的世界之中。如果忽视了别人的需求，那么我们就无法体验完整的幸福。

对于成长的需求，主要体现在我们之所以应该成长，是因为成长之后可以付出更多。

· 什么时候才够

这是我们处理财务事宜时同样需要面对的一个问题。经常有人问我："我'可以'拥有或者说可以希望获得多少钱呢？界限在哪里呢？我到什么时候才应该满足呢？"

请允许我直截了当地告诉你：永远都不会——我们永远都不会有"足够"的钱。我们总是想要更多。这是完全合乎情理的，也符合我们的天性。所有生物都有这样的天性。

我们只要活着，就会确定新的目标，就会想要更多。这是人的天性。但是，我们应该时常想到，我们拥有的力量越大、金钱越多、影响力越大，我们的责任就越大。因为我们能够创造更多的可能，而且不能避开世界上的不良现象。不要忘记，金钱本身并不会使人幸福。我们更多需要的是一种意义。我们要承担起自身的责任，肩负起我们的任务。

· 满足是一个好的想法吗

我认为满足是一个"有害"的想法。我们从小就接受过这样的或者类似的教育："你应该满足于自己拥有的东西。"我经常听到这样的话。但是，我在年轻时就想问："为什么呢？"答案往往不能让人满意："因为这样做合乎情理。"我相信，父母本想传达给我们一个好的想法，却用错了措辞。也许他们想说的是："我们应该感激，感激我们拥有的一切。"

虽然我们拥有得很少，无论是拥有一辆小汽车，还是拥有一所小公寓——我们都有充足的理由去表示感激。

如果对现在拥有的一切没有感激之心，拥有更多之后，我们就几乎无法怀有更多的感激，也就无法感觉到更多的幸福。

但是，我们不应感到"满足"。满足让人困倦麻痹，停滞不前。满足是让许多人屈服的最后一个巨大的诱惑。满足划分出不同的人，最终让他们分道扬镳。

我的教练这样说过：

“这就好像我们所有人都乘坐一列火车，这列火车带我们驶向我们的目标。但是，每到一站都会有一些人下车。他们想下车放松一下；他们想停下脚步，因为他们已经走得‘足够’远了，或者因为他们对某个地方情有独钟。但是，他们也许忽视了一个事实，那就是火车也许会将他们带到更加美好、更加让人充实的地方。‘下车’意味着失去了让生活更加美好的事物，而正是这些事物，才是真正值得我们去体验的。”

满足还会削弱我们的责任感。因为那些很容易感到满足的人，也很容易对周围的环境感到满足。这样的人很可能也对更遥远的环境感到满意，封闭处于麻烦中的环境。因此，满足是没有变化的标志，存在以自我为中心的危险。

从表面上看，“满足”是良好的品德，实际上却会抑制我们的成长，促进我们的麻木，让我们的天赋和能力日渐荒废。更糟的是，已经成为满足感牺牲者的人，却认为自己高尚而善良。

是的，满足是危险的，骗取了我们生活中真正的财富。

· 基督徒可以想变富有吗

接下来，我想谈谈一些源于基督教思想的对金钱的偏见。也许不是每个读者都特别虔诚。但是,《圣经》对我们文化的影响，比其他任何一本书都大。无论我们如何看待《圣经》，我想，我们都赞成它是一本智慧的书。遗憾的是，人们对金钱有许多偏见，这些都是《圣经》中没有提到的。但恰恰相反，这些偏见对不信教的人也产生了文化影响。这些人便有了良知、伦理道德和责任感。但是，所指的偏见都是一样的。

你也许经常听到引自《圣经》的话：**“富人要进入天堂，比骆驼穿过针眼还要困难。”**如第一章所述，这句话完全被错译了。

在这种误解之下，许多代人都把贫穷描述为上帝的旨意，为自己的贫穷做辩护。

真实的含义是这样的。“针眼”是东方一座城市城墙上一扇小门的名字。到了晚上，大门都关闭了，以便城市居民安然入睡。但是，如果商人或者一些法拉欣[①]很晚才来到城市，而大门已经关闭，他们也不必在城墙前睡觉，他们可以从这扇小门进城。满载物品的骆驼无法站着通过这扇小门，它必须跪下来。这种骄傲的动物并不情愿这样做。

如果你看一下正确的翻译，那么其中包含的信息应该让我们深思。那些富人应该保持谦逊。因为财富不会让你成为一个更好的人。更多时候，财富使我们承担责任，使我们成为那些拥有得更少的人的仆人。富余的财富是一种神圣的委托品，它使其拥有者终生造福社会。只有理解这些的人才是真正富有的人——同样会收获幸福。

· 富人谦虚是好事

没有什么比一个傲慢自大的人更糟糕和更难以理解的了。一个自大的人认为自己不再需要学习，谦虚则使我们终生学习。谦虚使我们开放，让我们看到机会和可能性。谦虚使心灵彼此连接。

保持谦虚的一个好方法就是：每天问一问自己对什么心存感激。可以是些很“简单”的事情，比如能看，能跑，能倾听，能睡个好觉，能去爱别人以及被别人爱，生活在自由中……心怀感激的人有两个优点。

第一，当我们心存感激，我们无所畏惧。如果你深思熟虑，就会发现勇气并非恐惧的对立面。在恐惧面前勇往直前的人，就是有勇气的。恐惧的对立面是感激。你无法压制恐惧，因为它只会让你更加强大。你也不能仅仅用

① 法拉欣，是埃及在古埃及文明被基督教文明和阿拉伯文明取代以后，仍继续在尼罗河冲击河谷及中东其他地方耕耘的，主要带有古埃及种族基因的佃农。（译者注）

一根树桩和一根棍子就把恐惧从你的生活中抹去，正如你不能简单地把黑暗从你的生活中抹去一样。但是，你可以心存感激。因为感激能够淹没恐惧，可以说，就像光明可以淹没黑暗一样。

其次，感激使我们无法傲慢。心怀感激使我们平静而谦虚，使我们对生命的礼物感到欣喜。我们感激这一天，感激给予我们的机会。感激我们能够学习到的事物，以及世界上有着我们可以在未来学习的无尽的事物。拥有这种态度，我们终生都可以做学生。这样使人永远不会感到无聊。

· 不是为钱服务，而是用钱服务

在这种情况下，我们可以这样理解这句话：“你不应该去服侍那些‘阿堵物’。”我们应该用这些钱来为他人服务，即帮助他人，而不是为钱服务。只有那些不太擅长为金钱服务的人，才能与自己的命运和谐相处，体验到真正的幸福。

· 在《圣经》中，富人甚至得到了奖励

顺便说一下，《圣经》也明确为财富撑腰。例如，我们看到其中有一则寓言。一个富人出去旅行，托付他的 3 位仆人分别管理 10 枚金币、5 枚金币和 1 枚金币。过了一段时间，他从旅途归家，要求仆人向他汇报情况。第一位仆人将他管理的金币翻了一番。富人对他很满意，表扬他，给了他一个有实权的职位。同样的事情也发生在第二个仆人身上，他管理的 5 枚金币也翻了一番。他也得到了相应的表扬和奖励。

但第三个仆人害怕冒险。他将自己的金币埋了起来（用今天的话说，就是放在了储蓄账户里）。他的主要目标，就是什么都不失去。因此，他得到的很少。

富人的反应很有趣。他称这个谨慎的仆人“邪恶而懒惰”。他收回了那 1 枚金币，将它送给了第一位仆人，说：**“没钱的人应得的少，有钱的人应得**

的更多。”

听起来财富似乎根本不是什么坏东西，对吧？相反，富人会因为财富获得更大的财富奖励。即使这一切对你来说可能很奇怪，但是，金钱会被那些强壮有力，尊重金钱，对金钱敞开大门的人吸引。

我坚信以下的想法，也多次重复：金钱就像人一样，会“表现”，会“回答”。好好对待它，欢迎它——这样，它就喜欢来到你的身边，和你住在一起。如果忽视它，不尊重它——这样，它也不愿走入你的生活。而且如果你错过了它，它会很快从你的生活中消失。

所以，我们坚信“财富天定”。《圣经》中记录了很多富有的榜样的人生故事。贫穷并不高尚。你想为他人付出时，如果自己先拥有，你就可以做得更好。

· 必须有人损失吗

与我们对增长和财富增长的需求有关的一个重要问题，仍然悬而未决：是不是必须先有人有所损失，之后我们才能有所获得？如果是这样的话，那么，一个负责的人想过充实的生活就不容易了。因为我们每赚取一块钱，就意味着其他人失去一块钱。

要回答这个问题，我们首先就要想想这背后有哪些哲学。其实，这样的态度根源在于缺乏思考。因为只有在这世上所有的金钱、商品，以及所有的想法和可能性都受限的情况下，上述理论才是正确的。

如果是那样的话，世上总共只有那么多，不会再多。而且，这有限的数量还要一次次地被重新分配。然后，我们要做到尽可能公平地进行分配。因此，任何一个非常富有的人，都会以牺牲许多穷人的利益为代价，即使他们还有良知和人性的火花，也良心不安。

这一理论有许多支持者。某些经济学家过去尤其倾向于接受这样的观点（有些人至今也是如此），也有其他一些新派经济学家持不同的新观点，反驳了这种老派的观点。

从下面的事例我们可以清晰看出，新派经济学家这样做是正确的。让我们举一个经常讨论的话题进行说明：我们原材料的有限性。关键的问题是：我们的原材料真的有限吗？

· 石油是怎么回事

1970 年左右的罗马俱乐部（Club of Rome）[①] 就是一个缺乏思考的例子。当时有人预言世界灭亡，石油储备将在 20 年之内消耗殆尽。总之，因为一切都会耗尽，所以一切都会很快终结。同时，人口将迎来爆炸式增长。地球根本无法喂饱这么多的嘴巴，不断增长的人口会陷入饥饿。由于绝望，战争一触即发。

如今，许多人达成一致，只是提供了更多更新的论据。他们说，即使食物短缺的问题得到解决，最晚到了水资源枯竭的时候，一切也会终结。从某个角度看，目前就是这样一种情况。但是问题还将继续扩大。这不会太久了，因为雨林正在被砍伐。在世界范围内，平均每分钟有 35 个足球场大的热带雨林遭到破坏。你知道，这些让人沮丧的预测包含了一些事实。

实际情况是，我们无法完全避免这种可怕的报道。这就是大多数人都排斥这种想法的原因。

顺便说一下，罗马俱乐部的预测完全错误。到了 1990 年，石油不仅没有用光，其实际储藏量甚至超过了 1970 年。实际上，罗马俱乐部并未考虑人类发展的潜力。近年来，我们大大提高了技术，由此发现了新的油藏，能够在以前无法想象的地方开采它们。

---

① 罗马俱乐部成立于 1968 年，是未来学研究的国际性民间学术团体，目前有来自 46 个国家、近百名科学家加入该协会。该协会因在 1972 年发表了《增长的极限》这份报告而名扬四海。罗马俱乐部主要研究世界的现状与未来，如富裕中的贫困、环境的变化、对各种制度失去信心、杂乱的城市扩张、职业无保障、青年的异化、通货膨胀等主题。（译者注）

因为有些事，我们可以确定是无限的：机会、技术、发展潜力——变得更加聪明，接受更多教育，最重要的是，更有智慧，更负责任。因为这符合我们不断成长的需求。我们总会为自己寻找机会，并发现更好的机会。

· 在实践中缺乏思考意味着什么

缺少思考的人只相信有限的一切。因此，他们必须寻找解决方案，以不同的方式分配可用的资源。一方面，这是对人类潜力的极大限制；另一方面，这种思考模式的结果并不令人鼓舞。再分配理论通常会持续导致人们从富人手中拿走一些东西。

但是，我并不认同从富人手中拿走一些东西就可以帮助穷人。尽管我们始终以这种方式将赚来的钱分配给有需求的人，但也只能在短时间内提供救济。在那之后，问题会变得更严重。

因此，人们必须改变对金钱的态度。你还记得干涸的河床的例子吗？新的钱很快就会走上与旧钱完全相同的老路。如果要为人类改变一切，那么我们必须首先改变自己。

我相信世界上需要有责任心的富人，那些成为榜样的人，那些指明方向的人，那些向我们展示生活可以如此美好、如此充实的人。

我们不会通过为穷人做他们本可以做且应该做的事情来帮助他们。否则，我们只会让这些人更加具有依赖性，彻底摧毁了他们的主动性。

· 事关我们的基本态度

哪一种态度是正确的？当然，我们既可以找到一方面的证据，也可以为另一方面找到支撑。我们如何做出决定，很大程度上取决于我们的基本态度。你究竟是一位态度积极的女性，还是态度消极、悲观的女性呢？

但是，请你永远不要忘记，你可以随时改变自己的态度。问问你自己，什么样的态度对你有益，什么样的想法可以使你更加轻松地实现自己的目标，过上幸福的生活。

如果我们几乎只关注负面的东西，然后得出这样的结论，比如，在这样一个绝望而糟糕的世界里创造生命几乎是一种犯罪，那又有什么好处呢？

如果我们把精力集中在生活的美好事物上，并积累一点运气，我们和我们的孩子的生活是不是会好很多呢？

当我们敞开心扉，看着自己的孩子嬉戏玩耍，享受生活的时候，我们是否意识到，在这些全然幸福的时刻，我们人类拥有多少美好和潜力？

· 货币的数量有限吗

长期以来，货币供应实际上是“有限的”。黄金储备有多少，相应的货币就有多少。例如，旧版美元钞票上就写着“为持票人支付价值”（Paid to the bearers value）。这就意味着，每一美元都对应着一定数量的黄金，人们可以将美元兑换成黄金。

如今，你再也不会在美元钞票上看到这样的话了。现在的美元钞票上写的是“我们相信上帝”（In God we trust）。长期以来，黄金不再具有等价物。我们现在的账面价值约为现金价值的 7 倍。如果一个国家的全部民众想同一时间从账户中取走他们所有的钱，那么，只有大约 1/7 的钱可以支付，因为根本没有那么多钱。

我们看到，股票方面也是类似的情况。股票完全代表公司实体价值的日子早已一去不复返了。如今，无形资产至少必须考虑：想法、计划、知识、客户联系。此外，估值及谣言在股票行情中也扮演了重要角色。实际上，一些公司的价值只有全部股份加起来的一小部分。

金钱已经变异成了虚拟的价值。一方面，这是可怕的。另一方面，这也创造了令人难以置信的机会。因为当货币不再需要价值，就可以通过创造力创造出来。

· 金钱是能量

金钱是一种能量，一种无限的能量。因此，我们不必先把别人的金钱拿走，金钱才会来到我们的身边。我们可以创造能量，从万物中创造，从任何地方创造。我们只需要把能量带进我们的生活，并准备好放手，这样，能量就能再次出现。我们在生活中真正重要的领域投入的能量越多，获取的能量也就越多。

但是，对此，我们需要持开放态度，并且做好准备。我们必须致力于满足我们的基本需求。

你怎样看待“成长”这一人类的基本需求？你认为你应该成为你能成为的最好的人吗？为什么能？为什么不能？或者你认为一个人满足于自己拥有的东西会不会更恰当？为什么会？为什么不会？

你认为金钱在多大程度上满足了你的成长需求？你认为赚取更多的钱是一件好事吗？你知道你不需要从其他人那里拿走任何东西吗？

· 我的一次童年经历

我永远都不会忘记，我的祖父母从当时的民主德国来旅行时，我骄傲地向他们展示我的储钱罐时的情形。然而，他们不是表扬我节约，而是对我说了下面这番话：“你不应该存钱。你的父亲会照顾你。如果你有困难，他会帮助你。如果你私下存钱，那只会表明你不信任他。”

这番话影响了我很久。好长时间之后，我才明白，祖父母给我这样的建议，主要是在为自己的情况找理由。他们一无所有。当然了，这样的情况在当时的民主德国很常见。但是，对我影响最大的，是我的祖父母的态度，是他们的“否定财富程序”。

每个人都能自己决定如何处理问题，但不应该忘记，自己不是独行于这个世界上的。我们的决定总是会影响其他人。那些我们所爱的人，可能不得不为我们的失败和错误付出代价。

当我的祖父不能再照顾自己，又因为和儿子们相处不好，想去养老院时，是儿子们供养了他。他很欣慰，儿子们没有听从他的建议，否则他们就没有能力支付他在养老院的费用。因为儿子们的“贪婪本性”，祖父一生都对他们不满，但他最终还是从中受了益。

· 你受到什么影响

请你回忆一下自己的童年，在金钱方面，你的父母或其他人对你有何影响？

几年前我问过自己这个问题，结果令人震惊：几乎在所有让我深刻铭记的教导和情景中，都证明了“否定财富程序”。在与金钱相关的众多经验中，以下事件尤其令我难忘。

- 金钱事件一：母亲和父亲争吵，因为她想买一件皮大衣，而父亲不想花这笔钱。我觉得，母亲必须要钱这件事，不值得。他们的争吵升级，母亲打碎了一件瓷器。（我由此认为：“金钱”这一话题，会引发一切可能，除了快乐。）
- 金钱事件二：普通裤子不耐穿，所以我总是穿皮裤，但是穿皮裤感觉不舒服。（我由此认为：金钱比幸福感更重要。）
- 金钱事件三：我的祖父母往我的存折里存了 700 马克（约 350 欧元）。每隔几年都会听说存折的事，但 19 岁时我才第一次见到存折。（我由此认为：我太小了，无法处理金钱。）
- 金钱事件四：我母亲经常去度假，一般去乡下农庄，消费不会太贵。母亲度假时，父亲就待在家里工作。（我由此认为：金钱是不够用的。一个人花了钱，就需要另一个人努力工作。）
- 金钱事件五：一天，父亲的一个朋友来拜访我们，他是个手表商人。

他随身带着一些精美的年轻人款式的手表。我可以从中选一块。我不由自主地指向一块我特别喜欢的表。原来这块表是最昂贵的。我父亲为我能挑选优秀且昂贵的东西的品位感到高兴，买了这块表。（我由此认为：如果要送他人一件礼物，不能送我们自己喜欢的，而要送别人真正喜欢的。）

- 金钱事件六：在参观了教堂之后，我必须在午饭前学一会儿赞美诗。只有当我能说出来的时候，才会有东西吃。（我由此认为：成就是有奖励的。遗憾的是，这是我绝对不喜欢的成就。）

所有这些事情都对我产生了影响。正是从这些负面经历中形成的强势的“否定财富程序”——金钱不是什么好东西，不受抑制的成长同样可耻——使我在 26 岁时破产了。

我必须找到我的方式，理解我对我们毋庸置疑的成长需求的态度。我从的祖父母那里，看到了他们极端的态度最终会导致什么，这对我有很大帮助。

“否定财富程序”束缚了我们，让我们相信许多事情不能做，不可行。只要你不认识并改变你对金钱的态度，就不会有任何一本关于财务的书对你有价值。

我们无法躲藏。无论是面对我们的人格成长，还是面对金钱，都无处可藏。**舍弃金钱，也就是舍弃了自己本可能成为的那个人**。

你知道当我们的需求没有被满足时会发生什么吗？答案很明显：我们感觉失望，感觉不幸福，感觉缺少什么，会为精神上的欠缺而痛苦。为了持久的幸福，我们有必要考虑我们所有的需求。

所有这一切塑造了我的人生座右铭。我称为 KLUW，即“不断学习和成长”（Konstant Lernen Und Wachsen）的缩写。这只是我们对成长需求的另一种表达。

能量贴士

请你思考一下，你如何在生活的每个领域中学习和成长。

- 把你的生活划分为不同的领域。其中一种可能的划分法，是分为五大类：健康、人际关系、财务、情感和工作/生活意义/精神层面。
- 将生活中的每个领域看成一家公司，你每年都必须从中获利。
- 为每个领域制订一个年度计划。
- 制订行动计划。每周检查你的年度计划，思考为了实现年度目标，每周应该如何工作。
- 定期阅读相关主题的书籍。去参加研讨班，和那些在每个领域为你树立榜样的人交朋友。

首先要确定自己如何应对成长的需求。你要明确成长对你意味着什么。你要为此创造一种个人哲学。你要确定怎样才能最有效率地成为最好的人。你要真正地活着，充实地生活。

永远不要用最低标准要求自己，永远不要满足于最低生存标准。人生很短，没必要浪费在这些毫无意义的事情上。你要努力创造生命最大值。

生活为你提供了很多财富，你不应该就此满足，你要为前方的美好而充实的生活前进。真正的财富是你与生俱来的权利，去争取你有权获得的东西吧！

一旦你下定决心，就请坚持下去，不要拖延。当然，只有当你冷静地思考这些事情，确定了自己的态度和道路时，这一切才可成真。

不要忘记，别人对我们的影响，远比我们自以为的要大。你要坚持走自己的路，你要对你自己、你的计划以及所爱的人负责。不要听那些只想证明自己的人的建议，倾听那些你希望成为的人的建议。没有人有权给你建议，即使这些人“对你很好”，你也有权不听。

也请你抽出时间来制订你的行动计划。你要问问自己：我怎样才能把金钱投入我的生活，以便我不断地学习和成长？我现在可以从哪里离开我的舒适区？我应该在哪些方面伸展，让自己成长呢？

你在哪些方面心存恐惧？也许那就是你最大的成长潜力所在。

你是不是对迈出下一步心存恐惧？好极了！你没看错，对迈出下一步心存恐惧很好。我的前一个导师总是说：“如果你对迈出下一步不心存恐惧，那就说明这一步对你来说太小了。”

恐惧——在一定的合理范围内——是很好的。恐惧表明我们正在伸展自己，我们离开自己的舒适区，我们正在变得更加强大，我们在不断学习和成长。

恐惧也使我们保持警惕，让我们能够从错误中学习，让我们保持清醒，从善如流。

如果你准备做出决定，害怕迈出下一步，我要对你表示祝贺。

基本需求六：付出

第六个基本需求，也是最后一个基本需求，就是付出和行善。即使从不同的人的一些经历来看，这也让人感到意外，但是，每个人都有这种需求。我们希望去帮助别人、服务别人，希望让他人的生活变得更美好。我们希望对他人的求助和需求打开方便之门。我们都希望在这个世界上有所作为，想让一切变得更好。我们想留下一份遗产、一部作品，让我们的精神延续下去。如果忽略这个需求，我们将很难幸福。

如果满足了前 5 个基本需求，我们可以更好地满足行善的需求。我们越是安稳，就越可以更多地关爱他人。如果在他人困难时伸出援助之手，我们对于独特性的需求就得到了满足，我们对爱的需求也随即得到了满足。如果能够发展自我，我们就能成就大事。

从某种程度上看，我们希望行善的需求是其他几个需求的核心。讨论得越多，我们就越清晰明了，必须照顾其他方面的需求才能真正实现目标。

一位年轻的女士热切地希望拯救海豚。她一直厌恶金钱，觉得金钱平庸且肤浅。她想推进自己的工作，但是没有人聆听她的想法，她只能一次次地经历沮丧。她没有真正去实践的途径，她甚至都没有接近过海豚。

很偶然的一个机会，她得到了我的第一本书。原本她对此不感兴趣，但是在一位女性朋友的建议下，她开始阅读那本书。突然间，她感觉醍醐灌顶。她现在的观念是："金钱是一种能量，能够让我梦想成真、完成使命的能量。金钱并不是消极的、肤浅的东西，金钱是我们所创造的，不多也不少。我能够用钱去实现自己的愿景。如果我想，金钱就可以成为一种支持力量。这就是我关注金钱的原因。"

· 如果一切皆有可能……

假设金钱在你的生活中没有扮演任何角色，你会想做些什么善事呢？想象一下，你是一位女王，拥有巨大的财富，你会拿这些钱做什么呢？你会对自己的国家做哪些改变呢？你会帮助哪些人？学校会是什么样子的？我们会有怎样的养老体系？你会怎样处理失业问题？你发现亟待解决或至少应该减轻的社会弊端在哪里？请你至少找出 10 个答案。

如果我是一位女王，那么我会……

____

____

____

你注意到金钱有多大意义了吗？你发现金钱有多重要了吗？事实上，金钱是我们生活中的一种支持力量。有了钱，我们就有了更多的可能。金钱打开了许多新的途径。

还有一事：你是一位女王。也许你和其他人都还没有意识到这一点，但你是非同寻常的、独一无二的，没有人像你一样。未来属于你，因为未来生活不同于过去，从现在开始，你就是自己生活的设计者。你能够按照自己认为正确的方式，创造自己的未来，为了你自己，也为了你爱的人，为了你想完成的事业。

但是，你必须开始行使自己的权利，把你的周围当成是自己的“帝国”。在这里，你的能力可能比迄今为止认识的所有人都要强大得多。你可以承担更多责任，做更多事情。

现在就开始改变吧。最重要的是，要有尊严地生活！

· 付出让人幸福

我们依靠获得的东西生活，但是，我们给予他人的东西，使我们的生活成为一件杰作。那些为他人付出的人，自己得到的更多。

没人能通过数学的方式证明这些，这看起来甚至有些荒唐，但事实就是如此。

这是一个奇迹，我无法向你解释。但是，你知道，很多人寻找各种解释，而其他人只是身体力行地去实践。你只要付出一些东西，就会拥有更多的东西。

当我们付出的时候，我们感觉到生命的气息。很少的一点东西就能够传递给我们活力的感觉。让我们出于对生活、对人类的爱，付出吧！如此，我们可以证明自己承担了责任，证明我们懂得，我们生活在互联互通的世界，在这样的世界中，需要乐于助人的人。

也许出于这样的原因，你会为人们提供更多途径，由此他们也可以做更多善事。

我们都知道，我们会收到自己传递出去的信号，哪怕是很小的事情，比如一个微笑、一份善意。热爱世界的人，也为世界所爱。**为世界付出金钱的人，世界会报之以金钱**——以各种不同的方式。

如果没有足够的信心付出，你将永远无法充分享受财富。付出得越多，就会有越多的金钱流入我们的生活。捐钱是我们相信自己、相信宇宙的一种证明。

我们“证明”了自己可以很好地保存金钱，由此，我们期待更多的金钱，你也知道：我们的期待决定了我们的所得。

我们传递出富裕的信号，这让我们感觉良好。

当你读完全部内容，你可以得到这样一种印象，那就是我想让你哪怕出于利己主义也要去付出，这样你会感觉更好。你要坚定地认为：没错，我就是这样想的。不仅如此，老实说，我们仅仅是因为自己感觉更好而去帮助别人吗？我们通过捐款使自己欣慰，那么对于有需求的人来说，这笔捐款价值就减弱了吗？

你做好事，一点点的利己主义也不错。

你现在可以做些什么？这里有一个非常简单的建议：你听过“少即是多”这句俗语吗？我们都有很多积攒多年的、不再需要的旧物，单单这些就不赖。

但是，有两方面影响，需要我们深思。首先，这样做阻碍了我们拥有更多。我们找不到那些自己想要的东西，根本不知道自己拥有什么，无法确定对自己真正重要的东西，感知不到缺少什么。在清晰、有序的生活中，总是有更多的空间。其次，其他人可以拥有更多启动资源。这些堆放在我们的柜子和箱子里慢慢腐烂的东西，对于其他人来说，很可能是梦想。

能量贴士

请你清除各种废旧物品。找出一切你确实不再需要的东西。

- 一条提示：那些你一整年都没穿过一次的衣服，也许有人比你更需要。
- 请你至少找出25件也许别人会比你更用得着的衣服。
- 把这些东西送到慈善机构。你可以用书面形式表明，这些衣服不是出售的，而是要捐赠的。
- 要不然，你将这些衣服卖给旧货商，再将获得的钱捐出去。
- 清除完旧衣物，再清除旧家具。花一个周末的时间做这件事。你会惊讶地发现，清理之后一身轻松，心头的大石被清走了。
- 现在，你可以尽情享受你真正喜欢的东西了。

顺便说一句，当你把所有东西都整理好之后——衣服放在袋子里，多余的杂物放在箱子中——请你坐下来一小会儿。你的全部家当都代表着你这个人，所有的东西都显示出你是一个怎样的人，你在意什么，你想展现出怎样的形象。这些东西代表着（或者说曾经代表着）你的品位和你的价值。你现在看一看，这些价值将有何种变化？

思考一下，这些袋子和箱子里，是否有你曾经“必须”拥有的东西——你曾经觉得，没有它们，你根本无法生活。这些东西你真正用过多少次？这些东西到底花了你多少钱？也许在今天，你会觉得有些东西你“必须”拥有，但是，随着时间流逝，这些想法逐渐消失。

· 我们的帮助很有必要

我收到过许多我的读者，以及参加过我的研讨班的学员的礼物。一天，我的书桌上放了一封信。打开信封，一块干擦布和一枚显然是自制的书签展现在我的眼前。当然了，这在不计其数的礼物中，并不起眼。但是，当我展开随寄来的信时，我改变了自己的想法。

这封信字迹潦草，就像坐在行驶的车中写出来的一样。但事实是，写信的人——一位年老的女士——并没有坐在汽车中，而是患重病躺在床上。她写得很艰难——中间还因疼痛中断了两次。她的疾病将伴随她终老，疼痛总是伴随她左右，不太疼的时候，就算得上幸福的日子了。正是因为疾病，她很贫穷。但是，这位女士给我送了礼物。她受到我的书籍的鼓舞，想表达自己的感谢。因为她真的一无所有，所以，她送给我一块干擦布，以及一枚制作了几个月的书签。

我震惊了。这是一位怎样的女士——这是一种怎样的生活。这与我的生活画面完全不同。并不是说我无法理解这位女士的经历，而是她疼痛的一小部分，我也无法忍受。

我将干擦布握在手中，在书桌旁呆坐许久。我想到了之前想建立的基金会。什么时候建立？你已经知道了："当时机成熟的时候。"但什么是"时机成熟的时候"呢？我突然意识到，我没有按照自己的教导去做。理想时刻永远不会到来。重要的是，立即着手去做正确的事情。开始做善事的最好时机，就是现在。

于是，我着手建立基金会。一开始我并没有具体的可行性想法。尽管如此，重要的是马上开始。

我是这样做的。

6 年前，我和尤根·霍勒（Jürgen Höller）一起决定进行一场为期 3 天的极其有效的金融讲座——"突破财务成功"。我向他建议，"这一定会成功的"（果然成功了），"然后我们把一部分讲座收入用于捐赠"。

他马上同意了。

只是我们不知道：哪里最需要我们的帮助？我想在非洲建立学校，但是一开始我们就被骗了。

尤根·霍勒同救济世界饥饿组织签署了一份合同。救济世界饥饿组织了解非洲，在那里有工作人员。

现在，我们在每次讲座后都会建立一所学校（从第一期研讨班开始）。每个学校有 300~500 名儿童。每个人都有课上，有热乎的食物吃。

而且，本书销售收入的一半会用于新建一所学校。感谢你的帮助。

一切始于那位生病的年老的女士送给我礼物，尽管她实际上没有能力送给我礼物。

我相信我们需要这样的推动力，让我们清晰地认识到我们实际上是多么富有。世界上 2/3 的人口——从财务角度看——愿意和你进行交换。无论你拥有得是多还是少。同世界上大多数人相比，我们是富有的。

请记住以下数字：世界 1% 的人口坐拥世界 50% 的财富。据乐施会（Oxfam）[①] 统计，几乎所有剩余财富——52% 中的 46%——掌握在世界上 20% 的人口手中。剩余的大约 5.5% 的财富由 80% 的人口分享。16% 的人口是文盲，13% 的人口处于饥饿中，有 10 亿人口居住在贫民窟中。

我引用这些数据并不是反对财富。相反，我还想附上亚伯拉罕·林肯（Abraham Lincoln）说的话："消灭富人并不能帮助穷人。"

但是，这些宏观数据清晰地表明了一件事：财富越多，责任越大。富人承担着责任。如果世界是一个村庄，那么，只有我们这些村民互帮互助，这个村庄才能获得完整的幸福。

恭喜你，到目前为止，这是一段漫长而费时的章节，特别是如果你以书面形式进行了练习，而且花了很多时间进行思考。我们已经介绍了最常见的

---

① 乐施会（Oxfam），1942 年成立于英国牛津郡，是一个具有国际影响力的发展和救援组织的联盟，它由 14 个独立运作的乐施会成员组成——英国、爱尔兰、加拿大、美国、魁北克（独立于加拿大分部）、新西兰、澳大利亚、荷兰、比利时、法国、德国、丹麦、中国香港、印度。（译者注）

“否定财富程序”和贫穷的观念。我也向你提供了合乎逻辑的论据，清楚地表明了你个人的“贫穷程序”是多么荒谬。

你现在可能已经明白了。只是——你还不相信。因为只有诉诸感情，我们才能改变信念。我们在本章所做的就是这样做的先决条件。如果不认为新的信念更有帮助，我们就不会想改变旧的信念。

所以这是值得的。因为现在你知道金钱可以满足你的需求，你知道应该接受哪种信念，知道金钱对你来说是“必需的”，是重要的。

只要你的信念与你的目标、梦想不一致，你就会一直拒绝金钱。你会永远把它赶出你的生活。但是，如果改变了信念，相信金钱可以满足你的个人需求，你就会神奇地吸引金钱。

财务上的雄心可以训练吗

一次讲座结束后，一位女士不知所措地走向我，对我说：“舍费尔先生，我真的很想变得富有，但是，我没有雄心去实现我的想法。”

这看起来糟糕极了。大部分成功学书籍的作者都强调，人的雄心是无法培养的。他们说，雄心是与生俱来的，没有雄心的人是不幸的——我坚决反对这种说法。我知道你可以通过训练获得雄心。

雄心同其他鞭策我们的事物一样，提供两种动力：避免痛苦，体验快乐。在此基础上，你可以调整自己的任何动机和行动。从基本方面看，我们的行为系统非常简单。一切都围绕着我们希望避免痛苦、体验快乐。我们处理金钱事宜，也是如此。

我们对金钱可以有完全不同的评价。对于一些人来说，金钱是一个有趣的话题（体验快乐）；而对于另一些人来说，金钱会引起痛苦（避免痛苦）。因此，一些人尽可能地避免谈论金钱本身，而另一些人则对金钱感到满意，从而吸引了金钱。

我们已经尝试着改变信念，因此，现在可以决定我们何时经历痛苦、何时体验快乐。换句话说，你可以改变你的“财富程序”，将快乐、美好、满足、平和、家庭幸福、情爱、自由、安全感、冒险，做善事，发挥个性等人生的所有需求，与金钱结合在一起。你可以开启新的程序。

在做出改变的那一刻，我们会有不同的动机，我们会由此发展出“雄心”。实际上，没有人绝对没有雄心。问题在于，对我们来说，不做某些事情，我们将要承受多少痛苦，而做某些事情，将会给我们带来多少快乐。如果真的热爱某些事，我们所有人都可以抱有雄心。如果不去做某些事情，我们会感觉到痛苦。因此，双重关键是，如果不去做某些事情，我们必须是真正喜欢，我们必须感受到足够的痛苦。

我很小的时候就能观察到生活中的富人。我不断地分析富人和金钱的关系，以及——同样重要的是——“没有钱”对他们意味着什么。这些年来，我形成了一个整体的看法。

你会清楚地看到，**金钱对富人来说是必需的。**

没有金钱，他们在生活中就没有真正的快乐。他们会觉得自己是一个失败者，无论是与金钱打交道，还是作为一个人。没有钱对富人来说，意味着难以想象的痛苦。

没有钱对富人来说意味着什么

富人认为，没有钱，对他们就意味着：

- 给他人留下的印象很少
- 做善事、为他人付出的机会很少
- 很少有机会产生影响
- 争吵

- 愤怒
- 受到伤害，变得脆弱
- 关系紧张
- 容易导致离婚
- 我认为无法忍受的状态，以及我无论如何都不能忍受的状态
- 我无法实现自己的目标
- 没有钱，我永远无法生活
- 一连串的愚蠢导致的结果
- 我没有能力把世界上的任何东西变得更好
- 沮丧
- 痛苦
- 自我怀疑和自信降低
- 学习的方式，让这种事不会再次发生在我身上
- 分离
- 孤独
- 得不到我认为很重要的人的尊重
- 缺失的感觉
- 确信生活已经离我而去
- 关注不重要的东西
- 让人身上的不好显现
- 引起嫉妒、怨恨和犯罪
- 我的孩子长大后得不到本应拥有的机会
- 我只能玩些小游戏
- 成为牺牲品
- 受他人的规则控制——按照别人创造的剧本生活
- 没有意义

- 生活中没有了激情
- 无法运用杠杆发挥作用
- 生活变得索然无味、波澜不惊、一片荒芜
- 可以选择的机会很少
- 痛苦地打发时间
- 必须从事毫无乐趣的事情
- 生活品质降低
- 充满了眼泪和悲伤
- 过着最低标准的生活
- 没有安全感
- 感觉完全没有意义
- 停滞不前——无法成长

这个列表列出的，并不一定是正确的或者“好”的观念。我们的价值观和信念各不相同，可以在很多方面进行很好的辩论。这只是我与许多富人进行的无数对话中获得的一个列表。

许多人提出异议：“金钱并不代表一切。”他们说得当然有道理。但是，仔细阅读上面列出的条目，你就会发现，没有钱的生活，对富人来说，绝对是悲惨的。你还会发现，如果没有钱，那些不能用钱买到的东西，他们也没办法好好享受。

请你思考一下。什么样的动力会让你产生这样的态度？富人有钱，难道是一个奇迹吗？

现在请你读下去，看看富人把什么跟金钱联系在一起。因为只想着避免痛苦是不够的，我们也想体验快乐。

因此，下面的列表是富人将之与金钱相关联的所有事物。

有钱对富人来说意味着什么

富人认为，有钱对他们来说意味着：

- 感激
- 奇妙的感觉
- 表现出生活风格
- 深刻的自由
- 我生活中除了人之外最重要的东西
- 优雅
- 纯粹的乐趣
- 拥有按照自己的意愿设计生活的特权
- 机会
- 安全感
- 选择的可能性
- 多样性，引人入胜
- 有机会结识有趣的人
- 做一个比心中的自己还伟大的人
- 做出高品质的决定的保证
- 能够以多种方式付出
- 使效益成为可能
- 人们提升到更高的层次，可以更清楚地看问题，所以它改变了人们看问题的角度
- 可能同时获得多样的结果
- 享受
- 允许自己创造一种环境，创造出我心中最美好的东西

- 留下印象
- 成就一番事业
- 提供有效利用时间的可能性
- 拥有更多潜力
- 为他人创造机会的可能性
- 有机会为他人付出、提供帮助
- 有了支持生活的力量
- 我们与生俱来的权利
- 义务与责任
- 为家人和自己提供安全感
- 拥有更高层次的爱情关系
- 反映出我们关注事物的程度
- 是衡量我们的绩效的标准——代表我们为他人带来多少收益
- 反映出我们的信念
- 是价值观的体现
- 可以帮助我开启成功的大门
- 不必做某些事情
- 运用杠杆手段
- 绝对的选择机会
- 承担责任
- 为其他生活方面提供动力
- 衡量我们成长程度的标准
- 为把生活提升到更高层次提供了可能性
- 能量
- 生活品质

在此我们还可以再次进行讨论，但是我们不应该这样做了。因为对一个人的信念，很难进行讨论。我们也不应进行评价（尽管我们经常这样做）。请你将这个列表视为观察富人的方法。富人不为金钱服务，而是把金钱变成他们的仆人，或者说一种工具，使他们的生活更加美好，拥有更多可能性。

你看，在这样的情况下，你根本没有其他选择。你一定会变得富有。否则只会感觉到持续的痛苦。此外，这种回报的前景——也就是财富——如此之大，会产生纯粹的快乐。所以，富人几乎将生活中的每一份快乐都与金钱联系在一起，抑或他会发现，有钱使这种快乐更加美好、更加深刻、更加强烈、更加自由。

正是这样的态度，使人变得富有，让人拥有雄心，激励人们前进，这样的态度让你和财富产生交集。财务方面的雄心是可以学习到的。我们可以控制自己，按照意愿行事，向着财富前进。

但是，我还想明确地告诉你，要小心，虽然你现在已经有了深刻的见解，但你还没有改变你的信念。因为你必须诉诸感情。我在《财务自由之路》一书中详细描述了这是如何运作的。

我不想再在这里完整地写下来——这是这样一个重要的问题所必需的。我想尽可能避免重复。同时，我还认为，金钱如此重要，我们不应该羞于为自己投资。

如何改变信念

如果你已经读过《财务自由之路》，我想在这里给你一个简要的概述，告诉你如何改变你的信念（然而，如果你当时做了相关的练习，有些句子能真正告诉你一些事情）。

请把这个列表当成它应该成为的样子：一个你已经练习过并且已经熟悉的技巧的提醒，它可以改变你的生活。这个提醒应该是继续运用这些技巧的最后动力。请你一直运用以下技巧，直到生活达到你所希望的品质。

1. 请你记住，我们的生活是反映我们信仰的一面镜子。如果生活中有什么你不喜欢的东西，你要从因果链条中找到哪些信念会造成这种情况。

2. 请你记住：

• 我们不是自己的信仰；

• 我们可以改变自己的信念（我们也经常这样做）；

• 我们的现实世界由自己创造；

• 我们的信念大多是偶然产生的；

• 信念不分“对与错”，但分为对我们的人生愿景有无帮助。

3. 通过询问相关问题质疑旧观点，从而将证据和观点分开。

4. 解释新的有益的信念（这通常与旧的信念相悖）。

5. 至少为新的信念找到 4 个证据，你可以直接借鉴他人的生活经历。

请记住：如果你完成了这个过程，却没有得到预期的结果，那么原因在于你想用合乎逻辑的论据说服自己。这是不可行的，因为有些事不一定合乎逻辑。因为即便论据在，你的潜意识还是无法做到。相反，它必须是一个故事，是一个实际的例子。因为例子是我们的潜意识可以理解的画面，合乎逻辑的论据不是画面，是数字化的，我们的潜意识无法对其进行改变。

我们需要的是实际的例子，那些人是你愿意接受的信念的证明。因此，你需要了解他们的故事，你必须与有成就的人交往。

那些可以证明你理想的信念的人，他们经历过的，正是你希望在生活里实现的。你应该阅读名人传记，每个月至少读两本。

我在研讨班上遇到一位女性，她一直认为金钱会毁了家庭。相反，更有益的信念应该是：“有了钱，我的家庭生活变得更加美好。”确定这一点之后，我们一起来寻找证据。你知道，我们需要 4 条桌腿（证据）支撑起信念的书桌。有时候，300 名参与者一起来寻找支撑信念的证据——几分钟一个都找不到。这是因为没有成功的女性拥有幸福的家庭生活吗？不。这样的女性非常多，只是我们不认识罢了。

对抗陈旧的“否定财富程序”，就真的如此困难吗？我再说一遍，请你阅读名人传记。去书店，专门询问可以帮助你树立信念的名人生平传记。问一问那些成功并且家庭幸福的女性，她们是如何做到的，与那些你希望成为的人交朋友。

对于每一种信仰，这样做都适用。比如，假如你病魔缠身，你可以买那些描写残疾、疾病缠身，仍然能成就一番事业的人的传记。文学书中有很多这样的例子。

6. 用其他的证据来锚定新的信念。

7. 马上激励自己，来巩固你的信念。换句话说，立即开始第一步。

全部过程必须用书面形式完成，大约持续 35 分钟。这 35 分钟，将完全改变你对某个主题的态度。

一定有效吗？是的！与自我评价无关的任何信念，你都可以在 35 分钟内改变。只不过，前提条件是：你必须找到 4 个证据。

然而，就你的自信而言，这个技巧并不能帮助你。你还需要不厌其烦地记录一本成功日志。**借助成功日志，你可以在 3 个月内将收入提高 20%。这一点我向你保证。**

在这里，我想向你介绍我采访过的一位女士。她非常成功，可以说在很多方面是许多女性的榜样。

安吉莉卡 · 雅尔 · 史迪肯女士专访

离开安吉莉卡 · 雅尔 · 史迪肯女士（Frau Angelika Jahr–Stilcken）的办公室的时候，我见到了一个令人印象深刻的场景：10~12 位男性工作人员在耐心地等待着向女老板汇报工作。他们似乎很期待先前确定好的会议，觉得有一位女老板是一件完全正常的事情。

雅尔女士身肩两个职务：她既是记者，又是女商人。自 2008 年起，她一直担任古纳雅尔（Gruner & Jahr AG & Co. KG）[包括古纳雅尔旗下杂志《舒纳沃恩》（*Schöner Wohnen*）] 监事会成员。身为女人、妻子和母亲，真是了不起。

雅尔女士没有回归家庭做一名家庭妇女，这本是她可以做到的。她过去和现在都雄心勃勃，拥有这样的雄心，是有原因的。她的父亲有着很强的支配型人格，尽管她不愿意，父亲还是对她产生了强烈的影响。她不愿意听从父亲的安排，因此她强烈地渴望独立。

与其他母亲相比，雅尔女士与孩子在一起的时间更少，她如何看待自己这一点呢？我从她身上丝毫没有看到内疚感。

“一位母亲不必总围着自己的孩子转。我们非常喜欢彼此，原因在于我们经常不能见面。对于我来说，重要的是，永远不让我的孩子因妈妈不在身边遭受痛苦。因此，我努力工作，确保自己在总编的职位上能决定自己的工作时间。这样就没有人可以领导我。此外，我也想赚很多钱，以便负担请保姆的开销。

“当然了，这一切都需要好好安排。

“最重要的是，我的孩子绝不比我一直待在家，我们处不好时更糟糕。因此，家里始终很稳定。一直有人照顾我的孩子——甚至比主妇和母亲本人更细心。我的情况也更加稳定。此外，我的孩子总是可以找到我。他们知道，他们在我心中，一直是顶级重要的。例如，如果他们生病了，我就在家里工作。”

雅尔女士成长于一个以男性为主的家庭，有三个兄弟。这一切并不简单，但她总觉得这是一个优势。从很小的时候起，她就必须学会得到他人的认同。

作为女性，在商界拼搏，她也没有感觉到劣势。“男人对我一直是彬彬有礼的。对于女士，他们至少总是表现出一些骑士风度。”雅尔女士很支持男性和女性在一个团队中共事。“有一点调情的味道也挺好。”

雅尔女士如何看待金钱呢？她从小就被教育要节俭。她很早就学会要谨慎地对待金钱。因此，她一直保持着良好的消费习惯，没有金钱的困扰，无须经历入不敷出的状况。就好像对待工作、事业和绩效一样，她对金钱保持一种顺其自然的态度。她主张女人要有钱。“有钱的感觉很美妙。”但是，她也发现，自己不想过多为金钱操心。因此，她找到了一位投资顾问，帮助她按照自己的想法进行投资。

这样一来，她就能把自己的精力放在金钱让人舒适的方面。“如果对什么东西感兴趣，我会去花钱，但是不会花很多。”雅尔女士在坎彭购置了一间大房子。“你不一定非要在世界各地都有别墅和公寓。”她生活得很好，但并不奢侈，并把这点也教给她的孩子。

在我看来，雅尔女士具有 3 种特质，使她走上了成功之路。

第一，她与人交往的方式开放、直接。我在她身边很快就感觉舒适。这种直接的方式使她迅速抓住重点，迅速地分析问题并找到好的解决办法。

第二，她富有创造力。她办公室的会议桌配有 10 把椅子，没有一把椅子是相似的。

她的第三个显著的特质就是自信。她的座右铭是：“不爱我的人，没有品位。”因此，她对现代女性的建议是：“你们不要总是自我否定，不要怀疑自己。看到镜子中的自己时，不要对自己不满意。男人总是非常自信，觉得自己很棒。破坏性的自我否定不好。”

我们充满自信，才可以获得良好的收益。没有自信，很难获得好的收益。只有充满自信，我们才会向着目标前进，实现这些目标。我问她，她希望自己给别人留下怎样的印象时，这种自信也体现在她的回答中。“就是我自己的样子，自信、乐观、亲切、具有创造力。”一位与自己和睦相处、相信自己的女性如是说道。

换掉一切无益的信念

我知道你花了很长时间阅读本章。尽管如此，我还是想请你立即换掉所有确定无益的信念。

不要拖延。现在就做。你会发现这样做是值得的。你就会成为你生活的设计师，富裕的生活将是你应得的回报。

最后一个问题：对于你来说，什么事情更加重要？是金钱，还是可以用金钱买到的东西？无论你的答案是什么，这对于你的个人财富都非常重要。同样，这个问题也与你的态度有关。我们将在下一章谈论消费债务时回答这个问题。

第二部分

如何赚到更多的钱，如何存下更多的钱

▼消除债务

▼快乐储蓄

▼提高收入

我们会找到一条路，

如果找不到，那我们就建一条路。

——汉尼拔（Hannibal）

第四章

消费债务、抵押贷款以及如何同银行打交道

那些因消费产生债务的人，生活在谎言中。

——博多·舍费尔

拿出房屋进行抵押贷款，然后投资自己的公司，这是明智之举，但是产生消费债愚蠢至极。

消费债务使你无法走向富裕。没有比消费债务更会破坏积累财富的机会的了。这不仅体现在你的账户会出现负数，更糟糕的是由此产生的后果。但最具破坏性的，是隐藏在债务背后的态度。在此，我们接着上一章的内容，继续延伸，另外还会讨论一些其他重要的内容。概览如下：

1. 在本章中，我想先揭示消费债务的危险。我想向你清晰阐明债务背后的真正问题。

2. 然后，我们要探讨如何改变对待债务的态度。

3. 接下来的部分，谈及处理债务的具体方法。你将了解为什么应该选择最低的分期付款利率。

4. 然后，我们来看看你的抵押贷款。你可能会惊讶地发现，让偿还利率尽可能地低（1%），或者用房屋抵押更高的贷款，是明智的做法。快速还清房屋贷款可能是个巨大的错误。

5. 最后，我会给你一些和银行打交道的建议。

如果你债务缠身，接下来的文字会触及你的伤痛。如果你认识到债务背后的问题，也许债务会使你更加痛苦。我想明确地对你说——如果你感到受打击，那么这是好事。因为大多数人都不想再受打击。为自己感到庆幸吧，因为你对金钱了解，永远不会像你对金钱一无所知那样伤害你。

消费债务很危险

我想说清楚，有两个原因。其一，我曾经负债累累，所以我“获得”了话语权。我为反对隐藏在债务背后的态度所说的一切，也是对过去的我说的。其二，我曾经每天都在经历轻易就欠了债这种事，以至于必须一再亲眼看到由此产生的后果。

我在无数次的谈话中，总是不断被告知债务会产生可怕的后果。债务缠身的人形单影只，没有了梦想，只有很小的目标。他们缺乏自信。

许多负债累累的人觉得，只要债务没有还清，他们就无法过上快乐的生活。根据一项研究，负债累累的人缺乏努力的真正动力。最终，他们大部分只是在为昨天的开支而工作。他们不相信自己能够实现远大的目标，他们的自信与银行账户的余额相一致：余额低于零。

这一点也不奇怪！如果他们连自己的财务都无法掌管，又怎么能去做大事呢？

特别是这些人常常认为自己一文不值，毫无用处。他们认为自己正在不由自主地堕落。的确如此，**负债累累的人，往往感觉自己比自己所拥有的价值更没有价值。**

债务背后的态度

现在我们谈一谈债务背后所隐藏的态度。支出大于收入的人，通常不是为了获得更多的东西而负债，而是为了显得更有钱。越不相信自己的人，越会承受更多的债务。负担消费债的人，通常会感觉自己生活在谎言中。

如果深陷债务困境，你会被不属于自己的东西包围。你会有一种不舒服的感觉，好像除了债务，你一无所有。你的身份也发生了变化。最后你会变成债务本身。一个谎言，徒有其表。

身家为负数，然而——再说一遍——什么才是负债呢？就是比一无所有还少。你的感觉就是这样。这是一种怎样的身份？无论是财务上，还是情感上，你都会感觉受束缚。

生活在谎言中是一种最没有尊严、最无力、最不受尊重的生活方式。如果你无法克制自己的欲望，用贷款的方式购买你今天买不起也不应该买的东西，就是生活在谎言中。我必须这样直截了当地说，你向世人展示自己买不起的东西，就像它们属于你一样，你想以此获得人们的认可——认可你就是那个你想展示出来的样子。

那些“绝望地”陷入债务之中的人，往往会把责任甩给别人。

“银行把钱强加于我，让欠债对我来说太容易了。”

“这份租赁合同具有欺骗性。”

“我没有仔细阅读那些细则。”

“我在困难的时候只能求助于高利贷，它像榨柠檬汁一样把我榨干了。”

或者是一些老套的说辞：“我上当了。”我倒是很想知道，让你上当的是谁，还是什么东西。

许多人甚至不理会这样的指责。他们更过分，声称他们有权骗取他人的财产，理由就是所谓的“补偿性的正义”。当然，你肯定也认识一些这样的人。

自欺欺人

那些买自己买不起的东西的人，是在欺骗别人。他们用一种与事实不符的外表包装自己。这太糟糕了。但更糟糕的是，这样的人也欺骗了自己。通过佩戴的手表、驾驶的汽车，他们觉得自己很有价值，比真实的自我更有价值。从某种程度上说，他们用这些不属于自己的外在特质掩盖了真实的自己。这样的人以这种方式对待自己、对待未来，是错误且不负责任的。这样做会对他的未来产生严重的危害。

我们消费幻想的标志非汽车莫属。对于许多人来说，汽车已经成为成功的终极标志。它们展示出我们成功的程度——或者更准确地说，是其他人认为我们达到的成功的程度，是我们希望在自己身上看到的成功的程度。如此一来，我们和他人都觉得，我们比真实的自己更成功。

维持这种假象，会损害我们的未来，因为我们无法进行储蓄。我们把自己所有的钱以及不属于我们的钱，都花在了汽车上。

当然，大多数人确实需要汽车，但是，我们真的需要一辆昂贵的汽车吗？你自己最清楚答案。我只想请你做一件事，就是不要让这个你今天开着到处走的东西，成为你明天财务自由的妨碍。

在关于储蓄的章节中，我会给你一些购买汽车的建议：不要购买新车，用现金付款，千万不要买那些价格超过你的双倍收入的汽车。

此外，我对你还有一个建议：延长你目前正在使用的汽车的使用时限，要比原定计划再多开几年。这听起来可能并不特别性感。但是，这可以使你省下很多钱。

目标与消费债务的关系

大多数情况下，负债累累的人没有真正的目标。他们对未来没有愿景，接受现实的摆布。没有目标，他们就没有帮助自我限制、学习和成长的东西。从某种意义上说，他们没有未来——因此可以轻易地牺牲未来。如果我们没有愿景和目标，消费欲望就会占据重要的位置。

听起来就是这么简单：为了避免未来产生债务，你能做的最有成效的事情，就是树立目标和做计划。这就是我们拥有梦想和目标如此重要的原因。但是，目标一定是能赋予我们力量的目标，而且必须使用“正确的”方法。

“目标”一词，汇集了许多我不能理解的想法。请允许我解释一下，我对“目标”一词的想法。我这里谈到的“目标”，不是某些脆弱的愿望，也不是消费欲望，更不是微不足道的小目标，而是愿景——是计划中的梦想。在这样的目标中，金钱是次要的。

因此，这目标不是要驾驶一辆梦寐以求的汽车，或是住在漂亮的房子里。而是，你心中有一个想法。你要有一个充满激情的愿景，你要全力以赴地为此工作。之后，金钱就会自然而然地来了。

现实的目标和不现实的目标

有两种可能的方法，去确立我们的目标。假设你希望确定 3 年之后自己在哪里，自己在做什么，自己拥有什么。

第一种方法是，你看着自己，然后说：“我在 3 年之内可以实现这些目标。”这样去思考，你的想法就是“现实的”。

我认为这种方法是完全错误的。为什么我们要根据今天的自我来制定目标？3年之后，你可能会变成一位完全不同的女性，你会变得更强大、更富有、更自信、更有影响力。如果你以今天的自我来制定目标，就会限制自己，降低目标，打算停滞不前。你只是为了不会输而玩游戏。

第二种方法是，张开梦想的翅膀，直接制定一个目标——完全不考虑自己能否实现这个目标。这实际是完全“不现实的”，是脱离现实的，是虚构的。然后，我们再思考如何成为那个实现这一目标的人。然后，你才会意识到，你必须成长——而且每天都要有所长进。你才会意识到，我们要付出巨大的努力，必须离开舒适安逸的生活。你必须赢得胜利。

简言之，这两种方法就是：**我们可以根据自我的现状制定目标，但是，这样我们就会原地踏步；或者，我们根据自己的目标来调整自我，这样，我们就必须成长。**

因此，我们最好制定远大的目标，然后，我们就会意识到，必须要改变自己了。我们首先必须成为可以实现这些目标的人。我们接受这样的意识越强，我们希望用外在东西包装自己的愿望就越弱。

如果你不规划自己的未来，就必须要忍受别人为你规划好的生活。我们总是会从计划好的事情中有所收获，所以，这就是坚持做计划如此重要的原因。怎么制订计划呢？你已经知道了，那就是要制订远大的计划！

没有计划的人，会受到社会、广告和乱七八糟的愿望影响。这样的人，为别人而活，就像一个提线木偶。

规划你的未来

请你通过进行下面的练习，将它付诸实践。练习时不要问这样做是否现实。你要根据自己的目标来调整自我，而不是去冒根据今天的自我来制定目标这样的风险。不要限制自己！相反，要假设自己排除了所有的挫折，假设自己可以实现理想中的任何目标。因为你可以做到。

请你注意以下顺序：存在→行动→占有。大多数人完全不是这么计划的。他们主要考虑自己希望拥有什么。但是，正如埃里希·弗洛姆（Erich Fromm）在《占有还是存在》（*Haben oder Sein*）一书中所说，我们占有的一切，源于我们所做的事，而我们所做的事，决定了我们是谁。

当然，那些将“占有”置于“存在”之上的人，更有可能造成消费债务。这样的人，实际上就从占有的东西上发现自己的重要性。从根本上看，这其实是一种逃避，我们通过物质目标分散自己的注意力，而不去关注自己没有成长的现状。

其实更加聪明的做法是从“存在”开始。因为，如果你根据自己的个性进行，其他东西自然会随之出现。因此，让我们从你希望成为怎样的人开始。

1. 存在。你希望在未来成为怎样的人？报纸上的文章应该怎样描述你本人？一位受人尊敬的名人，应该如何评价你——比如在一段颂词中？

（1）3 年之后

（2）7 年之后

（3）20 年之后

2. 行动。你希望未来自己从事什么工作？你每天的日常安排会是怎样的？你想如何分配一年的时间？还请你思考一下，你绝对不想再做什么事？

（1）3 年之后

（2）7 年之后

（3）20 年之后

3. 占有。你希望未来拥有什么？你希望拥有或者给予别人哪些东西？你希望有什么样的房子、汽车、员工？

（1）3 年之后

（2）7 年之后

（3）20 年之后

也许你能写下来的东西并不多。可能是因为你并不习惯偶尔进行这样的练习。你练习得越多——最好每周至少练习一次——越容易形成习惯。制定目标就好像训练肌肉一样。也许你并不相信自己能实现这些远大的目标，那么，现在就是建立你的自信的时候了。

请你下定决心，从今往后，每天都有规律地制定目标和做计划。谦虚和满足，只是欺骗他人的假象。你对生活要有更多期待。请你变得“贪婪”——当然是指积极的意义。请记住，“贪婪”是我们的基本需求之一。乔纳森·斯威夫特（Jonathan Swift）嘲讽道：“那些不期望任何事的人，是有福的，因为他们从来不会失望。”但是，不要把“贪婪”发挥在消费方面，而要发挥在个人成长方面。当你成长之后，其他一切东西自然就会出现。

还有一个问题：你是否认为，为实现这些目标而去工作，是值得的？尽管这意味着你现在要放弃一些目标，你也这样认为吗？你要记住：没有什么会像消费债务一样，阻止你实现这些目标。**因为债务将你紧紧地束缚在过去的生活中。**

几乎没有什么东西，能像远大的目标一样，使你远离消费债务。

如何迅速有进展

人们陷入债务之中，还有另外一个原因——本身的观念。这种思维方式很简单，后果却很严重：对于那些负债的人来说，物质比金钱要重要。

我们是否有消费债务，很大程度上取决于我们如何衡量人、物质和金钱的价值。

你想一想自己是怎么做的。对于你来说，什么最重要，什么最不重要？这里有几个问题可以帮助你思考。对于你来说，什么更重要？

- 是你的房子，还是金钱？
- 是你的伴侣，还是金钱？
- 是生活得安稳、富足，还是金钱？
- 是健康，还是金钱？
- 是一辆好车，一次环球之旅，还是金钱？

大多数人排列的顺序是这样的：首先是人——其次是感兴趣的物质——之后是金钱。我完全支持人始终排在第一位，但是金钱应该排在物质前面。合理处理金钱的基础应该是：

1. 人
2. 金钱
3. 物质

大多数人并不喜欢金钱本身，而是喜欢用金钱能做到的事情。但是，如果爱钱超过爱物质，我们就不会那么轻易地花钱去购买东西，当然也不会背负任何债务。与物质相比，我们将拥有更多的金钱，在看到我们的金钱增长时，会感到更加高兴。

但正如我们所说的，这样的想法并不具有普遍性。我们生活在消费文化中，整个社会是一个消费型社会。仅仅拥有某种物品已经远远不够，因为同样的东西可能会以更高级的形式出现，我们将被更大、更显眼、更轻便、更好、功能更强大、操作更简单、更新颖、更漂亮、更时尚、更摩登的东西吸引。

我们当然会受到影响。一些并不需要的东西我们也想拥有。与此同时，轻松透支的付款方式，使我们在有能力支付之前拥有了许多东西。

我们应该大喊“停”，不该因别人这样做而选择从众。我们能够，也应该找寻自己的榜样。但是，**我们绝不能将一群人当作自己的榜样**。因为大多数人都生活不幸福——缺乏激情，没有真正的生活乐趣。

你已经知道，**如果做常人都在做的事，所得到的就是常人所拥有的**。这样能满足你吗？不能？那你就要另外做些事情。你要把金钱排在物质之前。金钱不仅是达到目的的手段，也不仅是获得想要的东西的途径。

我知道很多人都这么说，但他们实际上并不富有。我们应该只受专业人士影响。在金钱方面，专业人士就是富人。倾听穷人的想法，对我们没有帮助。即便他们的想法有时听起来不错，但这些想法可能很危险，因为也许正是这些想法让他们没钱。

在富人看来，金钱的排位更靠前。实际上，这是合乎逻辑的。因为有钱，他们就有选择权。他们可以购买很多物品，也可以让这些物品增加。金钱是一种不受束缚的能量。

训练自己爱上金钱

提一个问题：你可以做些什么，才能让金钱对你而言比物质更有价值？

答案很简单：努力去做。去储蓄、去投资，在你觉得没有闲钱做这些事情的时候，也要坚持这样做。

你可以成立一个“投资俱乐部”。

请你随身携带一张 500 欧元的纸币，但是从来都不用它消费。你以此训练自己对“有钱”感到满意。你感觉自己很富有。

然后，买一个保险箱放在家中，并且租用一个银行的保险箱。把现金都放在保险箱中。然后，再买几根小金条，和现金放在一起。时不时把钱拿出来赏玩，享受拥有它们的时光。

也请你进行捐款。把钱捐给那些比你穷得多的人，你很快就会认识到金钱的价值。对于我们来说，30 欧元并不是一笔大数目，但是在一些非洲国家（地区），这 30 欧元却可以帮助一个人治愈白内障和青光眼，让他重见光明。我们要谨记，30 欧元就能决定一个人是重见光明，还是一直生活在黑暗中。

处理债务的实际方法

在《财务自由之路》一书中，我已经给出了一些正确处理债务问题的建议。最重要的就是“50/50”原则，意思就是，你应该每个月最多拿出可供自由支配的 50% 的钱用于还债，另外的 50% 你应该存起来。

我想更清晰地说明一下，并且延伸一些内容：

还款时，要尽可能约定只偿还最低金额。

同时，一直按照最低利率偿还债务，无论是消费债务，还是自用的不动产贷款。

也许你能想象得到，当我介绍这一原则时，我会收到怎样的反馈。

- “不负责任，哗众取宠。”
- “这样的话，我的债永远也还不清。”
- “照这样看来，光是利息我就要付一大笔钱。”
- “这样的话，我要好长时间才能还清债务。我想尽可能快地把债还完。”

首先，我向你保证，你想尽早消除债务的愿望真诚且美好。在最理想的情况下，你会一下子把所有债务还清，然后你就会一身轻松，听起来不错，但是生活并不理想。听起来很美好的，在现实生活中常常是一个陷阱。

你知道有哪些主要原因导致人们深陷债务之中吗？你也许觉得很难相

信，排名第一的原因就是旧债。好多时候，新的债务就是因为要偿还旧债的利息而产生的，或者由于还款利率算计得过紧，没有留出必要的消费和调整空间，无法建立储备金。

比如，你的洗衣机坏了，你除了借钱再买一台新的洗衣机，别无他选。

通常情况下，旧债的还款利率很高，以至于利滚利，需要产生新的债才能够生活下去。

关于这点，有一个简单的自然法则：集中则意味着增长。我们所关注的事情会在我们生活中有所发展。从债务的角度来说就是，那些整天盯着自己债务的人，或者说想尽可能快地还清债务的人，就有可能陷入更深的债务当中。

许多背负债务的人可能都是这样思考的。尽管做出了一切努力、心怀好意，尽管他们也在紧衣缩食地约束自己——但是他们看不到尽头。相反，每半年他们就会陷入更深一层的负债。这样的人不会积累下财富。

按照最低分期还款金额还款的 10 个好处

1. 使你手中有更多的余钱。这些钱可以用来储蓄，也可以用来消费。手头有钱，就意味着有了选择。你可以了解新的选择方案。只有有了钱，你才能避免信用陷阱。

2. 债务不再拥有控制权，而是你拥有。你有了钱，就可以自己付账。从那一刻起，还款也有了乐趣。因为这样就有了激励自己工作的理由，你就摆脱了债务对你的控制。

3. 打破恶性循环。支付最低还款额可以防止你产生新的债务。你现在拥有更多的钱，就不必再借款来买东西。你可以为不可预见的事情进行储蓄。因为你知道，总是可能发生的，就是不可预见的事情。

4. 你不再有借口。也就是说，当你的债务越积越多，有困难的时候，你就不能再说："如果我每个月再也没有这么大的负担，那么……" 你现在马上可以证明，你可以好好处理金钱，并且把本书中的理念应用在实践中。

5. 你可以把自己的能量转移到当下。现在，你拥有让自己梦想成真的新能量。而债务将你束缚在过去。分期还款额越高，你就越是生活在过去。这是以牺牲生活品质和生活乐趣为代价的。你还是把负债当成生活中的小火苗吧，温火伺候。

6. 打破老旧的债务观念。承担消费债务并不是明智之举。在高额还款的的重压下还债，听起来似乎很高尚，但无济于事。实际上，这种做法很愚蠢。因此，不要让过去的错误，控制你今后的生活品质。

7. 不以过高的额度还债，是一种积极的决定，可以为你消除许多与金钱相关的负面感觉。现在，金钱对你来说，就是一种积极的事物，不再是束缚和绝望的代名词。相反，金钱成为生活品质的象征。

8. 你可以再次拥有梦想。大多数人在债务还清之前，都搁置了梦想。这样做很危险，因为没有什么能像梦想那样，拉你走出负债泥潭。因此，请你不要过多地纠结于每个月的分期还款金额，而忽视生活中更有趣的事情。

9. 你再次回想起一些本质的东西。其实你的负债根本不是问题。问题在于，你无法满足自己的愿望，无法依靠金钱产生的利息来生活。你不相信吗？假设你账户上有 500 万欧元存款，还有 3 万欧元债务。即便你现在不偿还这 3 万欧元负债，也不会有任何问题。真正的问题不在于负债，而是缺少财富。只要我们拥有存款，债务就失去了控制力量。

10. 当分期付款的金额较低时，你可以培养财富意识。正如之前说过的，当你手头有了更多的闲钱，你就可以积累财富。但是，在这里，我想另外提醒你一点——这也是最关键的一点——当你开始储蓄时，你可以培养财富意识。也就是说，金钱会让你得到更多的乐趣，你会感觉自己很富有。这种新的意识最终会真的使你变得富有。你开始神奇地吸引金钱。**如果还款金额较低，你会变得更加富有。**

那我不是付了太多利息吗

“但是利息怎么办？如果我尽快还清债务，不就能省下很多利息了吗？”答案是：你错了！

让我明明白白跟你解释一下，尽管按照最低还款额还款，产生了更高的利息，但这样做仍然比较好。

原因有两个。

第一，这一点十分重要：你尽可能快地还清债务，实际上也没有把利息节省下来。要想实现真正意义上的攒钱，你需要把钱存进储蓄账户，然后进行投资。而通常情况下，你快速还款时“节省下来”的利息，并没有存进储蓄账户中。

因此，你快速还款时，并没有省下更多的钱。

但是，你慢慢还款时，可以存下更多的钱。因为，当你在较低的还款利率下还款时，你实际上可以每个月向储蓄账户中存钱。

第二，利息计算方式也对你有利。至少在低利率阶段，正如我们目前经历的这样，如果你准备好承担“风险”，还可以投资股票或股票基金。

假设你偿还贷款要支付 4% 的利息，但是可以通过低风险、多元化的基金实现 8% 的收益，这就意味着你可以获得 4% 的收益。

但是，如果你希望绝对安全地进行投资，例如购买固定收益的证券，那利息计算就对你不利了。

但是，即使贷款利息高于你的投资带来的收益，我仍然会坚持我的建议。前面提到的 10 个好处，要比这对你稍许不利的利息差异重要得多。其中，第十点最重要：当你培养了财富意识，享受到金钱带来的乐趣，你就会变得富有，而且你无法通过快速还款来实现这一点。

能量贴士

看一看你所有的贷款合同，检查一下，是否真的没办法降低分期付款额了。

- 按照较低的分期付款额还款，你就可以有更多的余钱用于生活，但最主要的是可以用于储蓄。
- 持续储蓄一段时间，你就能培养财富意识。
- 你赚钱的主要目的不再是为过去埋单，而是把注意力放在你的未来和梦想上。
- 打破恶性循环。因为那些偿还分期付款额过高的人，要经常再去借款才能生活，或者为了偿还分期付款，或者仅仅为了付得起小型维修或购置新物品的费用。
- 不再让债务剥夺你的生活品质，这样，你过去的错误，就失去了对你的生活的控制力。

抵押贷款

也许你会问，以上这些规则对抵押贷款是否适用。你是否应该选择以 1% 的最低还款额进行还款呢？其实这也是一个毋庸置疑的观点。几乎所有人，包括父母、银行经理，以及许多专家，都建议你尽快还清贷款。这样说，一般都有两个原因。

你可能听过这种说法，因为你必须长期支付利息，你的房子的价格几乎是购房价格的两倍甚至更高。如果你的房子价格是 50 万欧元，贷款要分期

30 年还清，那么你总共需要支付大约 80 万欧元的利息。

还有人说，只要房子的贷款没有还清，它就不会真正属于你。许多人将还清房贷的那一天，当作财务生活中最快乐的一天。

尽管如此，从纯粹的计算角度出发，我也建议你选择 1%~2% 的还款利率进行还款。这样做有两点好处。

第一，你将会看到，通货膨胀“吞噬”了你的抵押贷款。多出来的利息由于通货膨胀而被抵销。因为，通货膨胀会“吞噬”你的财产，同样会“吞噬”你的债务。

目前，我们的抵押贷款利率为历史较低点，大约为 2%。

注意：这种计算方法仅适用于利率低于 8% 的时候，如果利率超过了 8%，我建议你还是采用较高的分期还款额。

第二，你可以把更多的钱用来投资和积累。如果你把钱投到股票或股票基金上，就会获得更高的利润，而不必用它们来支付抵押贷款利息。但这里也有一个限制，如果你对把钱委托给证券交易所有担忧，那么这一点好处将不适用。

一个实例

我们在为期 3 天的“财务的成功突破”讲座上，给学员介绍一些有趣的基金。我们证明了，年收益率 6%~8% 是很容易实现的。

当然了，有些学员总是对自己过去的财务状况感到恼火。

还有一对夫妇——女士是家庭主妇，男士是一名牙科医生，两人都是四五十岁——他们都表现得很懊恼，还有些惊慌失措。因为他们完全不清楚如何能够在退休之前存下一笔可观的钱。

我在讲座最后说的一句话，深深地触动了他们：“我们生活的时代极大地受到资本主义的影响。但是，如果我们没有资本，那么资本主义大部分的好处都与我们失之交臂。如此，我们虽然生活在现代，但在财务方面，我们仍然处在石器时代。”

他们迫不及待地结算了财产，然后得出结论：他们没有一欧元可以拿出来投资。

我请他们把他们的财产状况告诉我，知道了如下情况：他们的投资额为0欧元，每月税后收入8000欧元，有一栋价值100万欧元的房子，还有30万欧元的分期付款要偿还。这30万欧元是通过房屋贷款筹集的。他们的每月贷款负担过重，每月还款金额将近4000欧元，差不多是他们月收入的一半。他们没有其他财产。

从那时起，我建议他们只用1500欧元支付分期还款和利息。

无论如何，他们总算开始实施这个计划了。起初，他们感觉并不好。但是，仅仅6个月之后，我接到了他们的电话：“我们按照您的建议，谨慎地投资了2500欧元。”

他们所说的“谨慎投资”，指资金是这么分配的——1/3用于现金储蓄，1/3投资一种英国养老基金，另外1/3投资股票基金。这样的投资组合为他们带来了安全感以及所需要的储备金。

他们选择了一位出色的投资顾问，也乐于思考，因此，这样一种分配风险的方式是可行的。最重要的是，他们是在参与研讨班的过程中，自行采取了这样的分配方式，因为这完全符合他们对风险的理解。他们只是从未意识到这一点，因为他们从未如此做过。他们认为，这也是过去没有钱投资的原因。

他们还告诉我：“这是我们人生中第一次有了‘参与其中’的感觉，现在，我们也可以让钱为我们工作了。”

他们在前9个月就获得了13%的利息。这远远超过了他们一开始的期待。

他们当时迈出这一步，只为获得6%~8%的年均回报率。由于采取了风险较大的投资方法，他们必须对亏损有预估。对此我明确提醒过他们。我在电话中也做了提示。但最重要的是，他们相信最低也会获得6%~8%的平均收益，我也相信。

后来，过了好长一段时间。2008 年的经济危机导致了一些亏损。但是，总的来说，他们的利润依然保持在每年 16% 之上。

保持下去，那么，他们将在仍然希望工作的未来 12 年内，实现财务自由。仅仅因为做了一些“小”的改变。

通货膨胀让抵押贷款减少

前面说过，采用长期抵押贷款十分明智，原因在于通货膨胀。抵押期限越长，通货膨胀越能使你的贷款减少。

比如，以“72”这个数字为例，除以通货膨胀率（假设为 4.5%），得到的就是这笔钱价值减半需要的年数。因此，这个例子如下：

72 ÷ 4.5（%）=16 年

也就是说，如果通货膨胀率为 4.5%，那么 16 年之后，你同样的钱，只能够购买现在的物品的一半。打个比方说，现在每升牛奶的价格是 1 欧元，以后就会值 2 欧元。用 1 欧元只能买半升牛奶。

但是，16 年之后，在通货膨胀的作用下，你的抵押贷款同样减少了一半。用你相应提高的收入来计算，你原本需要拿出 30% 的月收入还贷，到那时，就只需要 15% 的月收入还贷了。

如果将钱投资于固定收益证券，你就会受到通胀的打击。比如，你现在 40 岁，希望到 65 岁时每月收入 6000 欧元，为了保持相当于今天的购买力，到时你每个月需要有 15379 欧元（这种算法以平均 4% 的通货膨胀率计算，低于过去 30 年的平均通货膨胀率）。

大多数计算到此停止。但是，你可能仍然继续生活下去。等你到了 75 岁，你就必须有 22765 欧元，才能拥有今天 6000 欧元的购买力。

如果你在 85 岁时仍然身体健康、精神矍铄，希望拥有今天 6000 欧元的购买力，那么你每个月就必须有 33699 欧元。

这个例子清楚地表明，你绝对不能只投资固定收益证券。

由此可见，通货膨胀会让金钱的价值减少。但是，如果你现在采取低额分期付款，就可以利用通货膨胀的可怕效应。现在，你的抵押贷款正在被通货膨胀抵销。

三个制约因素

第一个制约因素，我们已经讨论过了：只有当你将钱投资于股市时，才会出现对你有利的利息差异。为此，你要做好承担风险的准备。棒球运动员弗雷德里克·威尔科克斯（Frederick Wilcox）曾说：**“前进中总会有风险。你总不可能脚还踩在一垒上，就想跑到二垒吧。”**

绝对的安全感与高收益无法并存。说可以并存的人都在撒谎。为了获得较高的收益，我们必须付出代价。这个代价就是：愿意冒险。你必须自己做决定。

第二个制约因素：永远不要依靠投资资金的收益来支付每个月的分期付款。因为收益只是“平均数字”，也就是说，你在某一年可能根本没有利润。如果因为某个月没有利息收入，不足以支付分期付款，你将面临严重的问题，可能会危及你的房屋。

第三个制约因素：你这么做时一定要保证心情愉悦。如果你出于恐惧而夜不能寐——即使这样的恐惧完全没有理由——那代价就太大了。稍有不适的感觉完全正常。不要让心中些许的不安阻止你迈出新的一步。

还有一种可能，就是你只是简单地“需要”一种能说出来的感觉：“房子贷款已经付清，房子只属于我自己了。”如果这种感觉抵得上一年几万欧元的收入，那么在这里我就无须赘言了。

能量贴士

思考一下，是否可以减少分期付款金额，以便将钱用于投资。

- 如果你以较低的额度进行还款，那么随着时间推移，通货膨胀会使抵押贷款减少。
- 你可以更加灵活，拥有更多的选择机会。
- 请确保可以用持续的税后收入支付利息。看看自己有多强的风险承受能力，因为只有投资股票市场，一切才有意义。然后再想想，这样的做法可能在多大程度上对你的生活产生影响。
- 不要过于冒险，用这种方式将多出来的资金进行投资。至少持有1/3的资金作为现金储备，再拿1/3投资英国养老基金，最后1/3投资于分布广泛的国际股票基金和（或者）其他交易所交易基金（ETF, Exchange Traded Fund）[①]。只有在非常熟悉股票或特殊基金的情况下，你才能投资它们。

已签订固定贷款合同，怎么办

明白了最好只支付最低分期付款额是一回事，但如果你已经受现在合同高额分期付款方式的约束，那么，怎样说服你的银行经理改变付款方式，则是另一回事。从基本上看，我们还要区分一下消费贷款和抵押贷款。

我们先从消费债务说起：要进行改变的最重要的前提条件，就是你要强烈且坚决地要求有所改变。因为你知道，这关乎你的生活品质和（财务的）

① 交易所交易基金，即交易型开放式指数基金，是一种在交易所上市交易的、基金份额可变的开放式基金。（译者注）

未来。你过去的表现并不理想，不能因此使未来陷入困境。

当你下定决心每月只偿还最低的分期付款金额之后，请你去一趟银行，请求他们同意你按照更低的金额进行分期付款。

银行经理比你还明白如何做到这一点。但是，你不能说出真正的原因，他们几乎无法理解这一点。

你会发现，你可以与大多数银行经理沟通。他们大多数都是明理的人。他们通常会就如何延长贷款期限或如何改为长期贷款，给你提供一些建议。

但是，也有一些银行经理不愿沟通。即便这样，你也不应该打退堂鼓。如果银行经理真的十分固执，你仍然可以和他的上司进行交涉。

怎样才能仍然过得开心

最重要的是，如何在承担债务的情况下不破坏日常生活。因此，你问问自己：尽管有债务在身，我如何才能过得开心呢？

生命太过短暂，不应该受到“小小一点儿”债务的破坏。其实债务也有好的一面。一位荷兰人说过：“债务就像一张煎饼，总是有两面，一面颜色深一些，一面颜色浅一些。”我们要认识到浅的一面、好的一面、富有教育意义的一面。归根结底，我们的债务就是一次深刻的教训。

抵押贷款解约

如果你突然想解除抵押贷款合同，就有些困难了。但是，原则上银行必须同意解除你的合同。

但是，银行可以要求你支付所谓的提前解约赔偿金。理由如下：假设你按照 9% 的利率进行借款，那么银行必须为这笔钱付出更多的钱，再把这笔贷款给你；如果你因为在其他地方以更低的利率借到了钱，现在想还抵押贷款，那么银行就要承受损失。银行根据合约，应该从你这里获得 6% 的利息。如果银行在合约到期日之前从你这里收回贷款，而日后只能以 2% 的利率再贷出去，就将承受 4% 的损失。但是，对于银行来说，这就不是 4% 的损失了，而是比原本应得的少了 67%。你必须承担银行的这个亏损。

请让银行以书面形式出具提前解约赔偿。还要请专业人士检查，银行在计算时是否遵守法定标准（这里有一个明确的判断）。因为大多数银行“只是尝试地算一下”。如果已经准确地确定了提前解约赔偿金（很不幸，通常情况下都是第二次尝试才正确），接下来就单纯是计算了。在这里，你也应该从专业人士那里得到帮助，请他准确计算，省下来的利息是否大于要支付的赔偿金。

和银行打交道的正确方式

当我们思考如何降低每月的分期付款额时，并没有考虑到，如果我们知道如何同银行经理打交道，许多事就会容易得多。我们有着充足的理由考虑这个问题，因为许多女性感觉自己没有受到银行经理的尊重，许多人并没有享受顾客就是上帝的待遇。

如果责怪银行经理，对我们来说就太容易了。一方面，并非所有银行经理都是糟糕的服务提供者。越来越多的人学会了换位思考，让去银行成为一件令人愉快的事情。另一方面，这样的态度并不符合自己为自己负责的原则。你要记住：谁是债务人，谁就有权利。

而且你想拥有控制自己生活的权利，不是吗？那么，在与银行和银行经理打交道时，你可以并且应该做一些基本的事情。银行经理是否礼貌、是否友善地对待你，完全取决于你自己。

寻找合适的银行

总是有一些银行，在那里你得不到自己应得的服务，这些银行不适合你。你很快就可以从一些“外观”识别出来，例如银行设施、在那里工作的员工，以及银行现有的客户。如果你进入一家银行，马上感觉不适，为什么还要待在那里呢？

然而，还有一些银行希望客户是公司职员，而非个体经营者。虽然这是银行的明确宗旨，但很遗憾，通常乍一看是看不出来的，也没法对此进行交涉。

如果你是个体经营者，你希望贷款，那么，选择“合适的”银行就是你随时要做出的重要财务决策之一。因此，你必须谨慎地选择银行，花些时间来选择。你要了解他们对你的领域是否熟悉。如果不熟悉，我建议你去其他银行，否则你有太多东西要去解释，要去“证明”。但最重要的是，你无法从这样一家不了解你的需求的银行那里，得到你想要的专业服务。

你还要进一步确认，他们不仅仅是熟悉你的行业，还要对此十分喜欢和看好。为什么这一点很重要？你想，换作是你，你会对一个你不太喜欢或怀疑其工作态度的客户，予以资助吗？

假如你是个体经营者，你希望获得贷款，最好不要找分行。否则，你就很难和决策者说上话。你需要苦等好久，并且只能通过客观的数字来影响结果（无论你实际上是否获得了贷款）。结果还有更令人沮丧的，那就是终于有一位银行经理决定帮助你，但是过了几天（或者几周），你却得到消息，贷款被总行拒绝了。

以下几个问题，可以帮助你选择正确的银行：

- 银行有多少资本？（要求银行出示收支报表。这样不仅显示出你很内行，你也真的可以从中了解很多东西。）

- 谁来做决策：是和你进行对话的人，还是总行？
- 他们了解你的行业吗？从银行经理的角度看，这个行业有哪些机会和风险？在某些情况下，银行经理——根据接触类似客户的经验——给你提供一些良好的建议：去找顾问，使用“B计划”，去找公关和市场营销。一位聪明的银行经理很会为人着想。
- 他们可以为你提供哪些特殊服务？既然你是特殊人物，为什么不能受到特殊待遇呢？
- 请银行提供“相似”客户的推荐。由于数据保护，银行经理不会马上给你资料，但是他可以致电客户，询问他们是否可以当推荐人。这样，你不仅可以获得与银行有关的重要信息，还可以建立与利益相关的关系网络。

银行经理真的很重要

在确定银行基本符合合作的前提之后，你就要面对关键的一点了。因为银行并不重要，重要的是银行经理。你无法和银行建立关系，但可以和银行经理建立关系。一位对你有好感、有能力的优秀的银行经理，会让去银行成为一件愉快的事情。如果你是个体经营者，就一定要选择这样一位银行经理。一位进入你的专家网络的银行经理，很可能会成为你的企业的极关键人物。

如果你足够自信，我建议你直接找决策者（也就是银行主管）作为日常联系人。原因很简单，同其他人联系始终只是间接的方式，所有重要的决定都出自这个人。

但是，如何在牡蛎的世界中找到珍珠一般的银行经理呢？你可以找和你情况相似的朋友和熟人询问，也可以咨询你的税务顾问和律师，还可以询问其他个体经营者。

把这些人的建议汇总在一起。然后，我建议你，不要马上选择第一个遇到的感觉良好的银行经理，要至少与 3 个银行经理沟通再决定。可以想象一下你们的合作前景。

你是否还想要一些技巧，以保证从一开始就受到尊敬？那很简单，就是不要自己预约第一次见面。如果这位银行经理是你的律师或者税务顾问推荐的，可以请他们代替你打电话，如果他们能称赞你，你就可以马上找到最佳的入口。

当然，你的银行经理以后也可以成为很好的推荐人。无论如何，在你的关系网络中，拥有一个喜欢你和你的公司的银行经理，对你绝对是一件好事。

建立良好的关系

因此，银行经理比银行（除非必须满足一些基本条件）重要得多。现在你已经找到了合适的银行经理，应该明白你们之间就是人与人之间的相处关系了。与其他关系一样，是互惠互利的关系。因此，你也要思考一下，你可以为银行经理做些什么。银行经理是否会超出其职责范围为你做事，取决于你的事业心。

下面是一些与银行经理搞好关系的可行性建议：

- 比如，你可以邀请银行经理与你共进午餐。你会发现，大多数银行经理在银行外都会变得轻松。有点像你们联合起来对抗银行。
- 定期把银行经理需要的材料寄给他。随时更新你的资产报表，把纳税申报表复印一份给他。让你和银行经理的合作尽可能舒心。你还在度假时很自然地给银行经理寄一张明信片。
- 如果你预感到还款有问题，可以在银行经理发现之前，在他想给你打电话之前，致电他。如果你知道自己将面临几个月的困难期，也可以把这个情况告知银行经理，拜托他给你透支 3 个月的贷款。

- 即使您根本不需要透支，也可以平静地要求他提供透支贷款。通过这种方式，您可以塑造信誉良好的形象。

但是，你和银行经理的友谊，有一点不同于与其他朋友的友谊：当你陷入危机，或者对自己的企业发展有疑惑时，你可能会与朋友说起，但你永远不要对你的银行经理讲。一条铁律就是，永远不要向银行经理吐露你对事业的疑虑——永远都不要！

按上述提示行事，你不仅可以与银行经理建立有益的关系，还可以在希望更改贷款方式时，获得积极的帮助。

第五章

如何让储蓄成为一种乐趣

别人都觊觎你的钱，你必须比别人还想赚钱，

否则，钱就进了别人的口袋。

——苏茜·奥曼（Suze Orman），《9步通往财务自由》

你能想象有些人并不希望自己变得富有吗？实际上，大多数女性并不希望自己有钱，至少这不是她们的首要目标。我们通过对几千名女性进行问卷调查，得出了这一令人震惊的结果。女性并不想为财务的事情操心。她们虽然希望能买得起一些东西，过上无忧无虑的生活，但是，不会特别希望拥有很多钱。

因此，绝大多数女性致富的机会很少。财富积累的基石就是：储蓄。实际上，不是我们赚到的钱让我们变得富有，而是我们持有的钱。如果一无所有，对于女性来说，即使有最好的设备、最好的机会，也毫无用处。关于女性的储蓄行为，有一个好消息和一个坏消息。

好消息是，女性比男性更加省钱。坏消息就是，她们并非为了变得富有而省钱，她们主要是为了应付紧急情况，为了购置大件物品（家具、假期、汽车），为了买房子和为了孩子，很少是为了自己和积累财富。

这与许多女性更注重以家庭为目标有关。她们更重视给孩子提供良好的

照顾，拥有一个温馨舒适的家。相反，男性更注重以地位为目标，他们希望通过金钱表现自我。因此，通常是女性的钱用来购置家庭用品，随着时间流逝，这些东西越来越失去价值。

相比之下，男性的钱则用来储蓄和购买保险，合约“自然”是用他的名字签订的。这就意味着：女性几乎一无所有，男性却在积累财富。如果日后离婚了，那么，所有本应保护女性的法律在这一劣势面前，都显得太脆弱。

此外，我们还经常听到乐观的说法：“一切都会好起来的，我可以依靠我的伴侣。”大多数女性对于管钱还是没有什么兴趣。所以，男性管钱就顺理成章了。

尽管男性管钱不如女性，但是，通常都是男性在管钱。

疯狂购物

初见标题，你也许会说：“疯狂购物？这和我八竿子打不着！”但是，真的没有关系吗？出于沮丧、无聊、孤独，出于不由自主的虚荣心，或者仅仅作为一种休闲活动，我们来不及思考，很快便染上“疯狂购物”。“购物癖”是“疯狂购物”的进阶版，几乎已经成为一种现代人不自知的典型病态。

在德国，平均每个家庭的消费债务大约为 10000 欧元。这看起来似乎并不多。但是，在通常情况下，平均人数容易弱化其中的问题。实际上，每三个家庭中，就有两个家庭没有受影响。这样一来，受影响的家庭的消费债务就超过了 30000 欧元。将近 700 万个家庭绝望地陷入“过度负债”之中。这个数字背后隐藏着无节制消费的规律现象：懂得生活的人就会购物，购物的人就懂得生活。其中 6%~8% 的人情况更糟糕，他们有购物癖。

社会学家罗尔夫·豪布尔博士（Dr. Rolf Haubl）通过研究发现，尤其是25 岁至 40 岁的女性有购物癖。其中几乎都是职业女性，她们自己赚钱，显得自信而独立。但是，在这样的表象背后，上演着戏剧般的桥段：只要想到购物，她们就一定要买东西、买东西、买东西……买衣服，买化妆品，买其他任何东西。

为什么疯狂购物几乎只影响女性呢？主要原因在于，许多时候，购物都是女性的事情，掌管财政大权的则是男性。直到 20 世纪初，女性才可以在银行开立账户。因此，可能出现的一种情况就是，女性在工作中可以做出凸显能力的决定，在家里却没有享受平等的伴侣关系。她们操持家务，把财政大权让给了男性——往往正是她们自己，让丈夫管理自己的收入。

因此，女性对购物上瘾，并非必然结果，而是对妨碍自己独立的伴侣的一种惩罚，以及对于自己的软弱的惩罚。

她们会帮自己的软弱找到出气口：买东西、买东西、买东西。购物的时候，她们心跳加快，出现一种极其兴奋的状态。从一个高潮到下一个高潮，总会让人感觉更棒。她们买啊买啊，直到满载而归。然后，这种幸福感变成了严重的抑郁。她们感到惭愧，感到内疚，想将一切东西都扔掉。对购物上瘾，导致与伴侣的关系破裂，整个家庭陷入困境。这种突然发作的疯狂购物，是一种绝望的呐喊，是在恳求帮助，但是没有人愿意倾听。

受巨大职业压力影响的单身女性，几乎没有时间进行社交，与朋友相会，很少意识到自己是出于寂寞而购物。售货员为“好客户”提供一杯卡布奇诺或者一杯香槟，是希望吸引单身女性对“其他”方面的注意力。只要她们花钱购物，就会受到重视，得到赞赏。但之后，她们的孤独感会愈加强烈，那些新买的衣服最终成了塞进衣橱的毫无生命的物品。由此产生的失落感，似乎只能依靠买新的东西来排解，恶性循环就这样产生了。

疯狂购物的另外一个主要原因在于，缺乏自信。一位著名的设计师在其全页广告上写道：“很可惜，这很贵。”这则广告与其他类似广告传达出这样的信息："拥有这些'精选'产品的人，属于高贵的人或优雅的人。"没有安全感的人往往下意识被这种信息吸引，她们希望这些"精选"产品让她们增强自信。她们期待每件衣服都代表着社会地位的提升，代表着他人对自己的认可。

但是，这往往是错误的希望。因为最初的羡慕很快就变成了嘲笑和不信任。"她想用这些昂贵的衣服证明什么？""她哪儿来这么多钱？一定有什么不对！""装饰起来的东西"并没有获得认可，反而让她陷入了孤独，因为昂贵的衣服使她与周围环境产生了距离。

现代营销学发现购物是女性的特质，这导致整个世界正在日益女性化。女性似乎天生注定要去购物。

富人的购买行为

抓不住钱的人，不配变得富有。

也有许多有钱人参加我的财富研讨班。我研究了几千名学员的购买习惯，他们的个人资产在 100 万欧元至 500 万欧元之间。我的研究与美国一项大规模研究的结论不谋而合。

我们先看看这些百万富翁在购置汽车方面花了多少钱。50% 的受访者购车花了不到 44680 美元。只有 5% 的人购买价格超过 103000 美元的汽车。整体而言，在购车方面，所有受访的百万富翁的支出，仅占年收入的 7.6%，仅占他们个人资产的 0.68%。

通常，钱少得多的人往往购置明显贵得多的汽车。对于这些人来说，表面的财富比财富本身更重要。歌德大师说过：**"太多的人只想要某样东西。很少有人想成为某样东西。"**

能量贴士

永远不要购买价值超过月收入 2 倍的汽车。至少在你达到财务安全之前不要这样做。

- 请确保自己并非为了汽车而工作。
- 如果你厌倦了按这样的算式计算买来的汽车，你就拥有了赚更多钱的动力。
- 相反，如果你现在买下自己喜欢的汽车，然后通过签订高额的分期付款合同或者租赁合同获得资金，就相当于预支了给自己的“奖励”。那你为什么还要努力呢？
- 你要确保自己不提前透支，不要在今天就花光明天才能赚到的钱。因为人生总会有意外。你期待能赚到的钱，不一定能赚到。
- 你将有足够的钱去积累财富。

这里还有另外两个关于购车的提示。

只要你还没有积累到足够的财富，就不要购置新车。有些人认为自己需要一种“全新的滋味”。这样的滋味可是费钱呢！因为许多汽车在头两年就会贬值超过 50%。一辆使用了两年的旧车，并不比一辆新车差，它驾驶起来和新车一样好，外观也一样漂亮。为什么要花双倍的价钱去买新车呢？

同样，买车时请用现金支付。用现金支付，那这辆车，肯定要比你用支票支付或者贷款买的汽车小得多。用现金支付有助于你意识到自己的支出金额。

顺便说一句，同一项研究表明，50% 受访的百万富翁在购买最贵的衣物上面的花费，从来没有超过 718 美元，在购买手表方面的花费，只有 252 美元。

你如何计算购物的金额

有一次，一位有钱人去买东西。他看到了一辆价值约 5 万欧元的汽车。与他同行的人，怂恿他买下这辆车。他回答说：“我不会花 50 万欧元买一辆汽车。”“这辆车不是 50 万欧元，”他的同伴纠正道，“它的价格大约是 5 万欧元。”有钱人的解释很有趣：“对于我来说，就是 50 万欧元。如果我现在不把 5 万欧元花在买车上，而是去投资，那么，我在 10 年之内就会赚到 50 万欧元。”

我们总能看到，有钱人购物总是“精打细算”。他们考虑的是，如果不花这笔钱，而将之用于投资，那会变成多少钱。哪怕是以 1.2% 的利率存在银行，这些钱在 18 年后也会增加 8 倍。

相反，不富裕的人容易把金额“减少”来“期待快乐”。因此，花的钱不再是 5 万欧元，而“只有”1635 欧元租金，其中有一半将要交给税务局，等于每个月只需花费 817.50 欧元。用这样的方式计算，再贵的东西也可以算起来不那么贵。

许多女性都有一种强烈的特质：态度积极。遗憾的是，这通常意味着她们对个人理财计划的考虑不周。

女性始终深信，未来会赚得更多，一切都会向着积极的方向改变，或者她们单纯地认为自己的伴侣会在未来赚得更多。

我们有时候可以说得好听，但是从数字上看就不是这样了。账户余额最能说真话，如果在财务方面一直都有问题，我们就很难建立起自信。如果缺乏自信，收入就会停滞不前。积累一定的财富是相对容易的。遗憾的是，鲜有女性去实践。许多人总是将自己的财务状况（出于意愿或者被动）与他人进行比较，将自己划入“财务无能者”的行列。遗憾的是，这样很容易出问题。那些对自己财务状况不满意的人，常常将自己划归“不成功”的行列。

不要让财务状况破坏你的自信，不要把自己应负的财务责任交付他人，因为要积累起健康的财富，其实非常容易，尤其是对于女性。

有效的系统：储蓄账户

你是否会对可以协调储蓄所需的条件、控制结果的系统感兴趣？这样一个系统，一旦建立起来，就可以自动运行。最重要的是，这个系统可以确保你同时获得乐趣和积累财富。你可以轻轻松松地建立这样一个系统。

大多数人都有一个普通账户，工资转入这个账户，各种支出、定期自动缴费、保险金及储蓄金从这个账户转出。缺点：缺乏透明度。你很难利用这个账户实现健康的财务计划。

人们经常尝试通过一种老旧的、不适用的模式进行储蓄：把月底剩下的钱存起来。有时到了月底确实有余钱，但大多数时候没有。这根本算不上一个系统。

此外，可以说每一毛钱都存在利益冲突。如果你花了钱，就存不下来钱。而你也可以把钱存下来，这样一来，你花在自己喜欢的东西上的钱就少了。无论你怎么做，似乎都无法尽如人意。

我们需要一个解决方案，将这种混乱改造成一种合理的结构。下面介绍一下这样一个系统。

请在普通账户下设立一个分账户，即一个储蓄账户。请你在月初将月收入或家庭开支的 10% 存入这个储蓄账户。最好通过定期自动转账支付，这样可以强迫自己养成习惯。用剩下的 90% 度过这个月，你可以过得像有 100% 时那样好（或者同样糟糕）。难以置信吗？请尝试一下，你会大吃一惊。

顺便说一句，如果你想在月底再存下这 10%，通常是行不通的。因为那样的话，这 10% 极有可能就是你全部剩下的钱，而这个月还没有过去。此外，你可能不会那么无忧无虑地度过一个月，毕竟你心里还记着要留一些钱进行储蓄。

把这 10% 存起来，这是你给自己支付的费用。你可以用其余的钱支付给其他人。购买牛奶、水果，给汽车加油……你总是要付钱给其他人。但是，谁会付钱给你呢？没人会这么做，除了你自己。如果你不喜欢“储蓄”这个词，那么，你以后可以说成“给我自己支付”。请你将至少 10% 的收入转入独立的储蓄账户，来给自己支付。

你可以用这个账户里的钱，实现财务独立。这个账户里存的钱，可以用于投资。当然，你也可以用普通账户里的钱进行投资，大多数人都是这样做的——或多或少地成功了。但是，用独立的储蓄账户进行投资，有一些明显的优势。

1. 你可以在一定程度上强迫自己按计划行事。每个月都可以准确地把计划要省下来的钱进行储蓄。你不需要惦记存下一定数额的钱，因此，这种方式使你从储蓄中找到快乐。

2. 你希望存下多少，就可以存下多少钱，一目了然。你的理财计划变得更加容易，你的财务状况将变得更加透明，你现在可以预测未来。

3. 投资所得的钱，将不会与你的普通账户的钱混在一起。更多情况下，这些钱都转回了储蓄账户。每当积累了一定数量的资金时，你就会知道：现在，我又可以再次投资了。

我活在当下：建立乐趣账户

我们常常能听到这种对于储蓄的反对意见：“但是，我生活在当下，我不想在垂垂老矣时再变得富有，我想现在就把钱花掉，我想享受当下的生活。”

这样的反对意见是有道理的。如果一辈子都在为老年生活做准备，确实没有什么意义。但是，如果我们可以在获得乐趣的同时，又能积累财富，会怎么样呢？这也是有道理的。解决方案很简单：除了分账户（储蓄账户），你还要开第二个分账户（乐趣账户）。如下图所示：

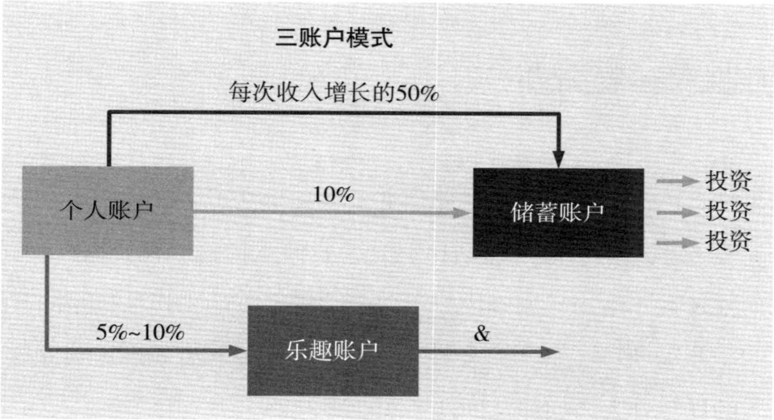

请你每个月从普通账户中转出 5%~10% 到你的乐趣账户上，最好是在月初转账，乐趣账户中所有的钱，你都可以花，也应该花出去。你没看错，是花出去。我们活在当下，应该享受快乐。我们应该让自己，让对我们来说很重要的人快乐。

我们要好好地满足自己，这样才能享受金钱带来的乐趣，这样才能发现金钱是美好之物。

有很多女性花费过多（详见“疯狂购物”一节），也有很多女性没有学会为自己买礼物。她们似乎因宠爱自己而感到内疚。她们通过这种方式省钱，是因为尚未证明自己是一个充满价值的人。有时候，这样的女性与自己并不亲近，也许她们觉得自己的价值还不够，不应该送礼物给自己。

在我看来，女性学会取悦自己、宠爱自己，才能真正为他人付出。多年来，我一直在送礼物给自己。我们应该努力工作。我们应该相信自己值得这一切。我们应该享受这一切，不必存在罪恶感，因为这是我们自己“应得的奖励”。

当然，如果将所有的钱都存起来，你可能会变得更加富有。只是，你生活的唯一目标，就是省钱，然后变得更加富有吗？好像并非如此。请允许我对那句著名的谚语“把握今朝，及时行乐”（carpe diem）稍作修改。把握今朝，变得更加富有。把时间和金钱用在自己身上。把握今朝，宠爱自己。

我没有收入，怎么办

如果你自己没有收入，而从伴侣那里得到生活费，你应该怎么办？即使经常从家庭主妇那里听到这句话，但是，我们认为，“自己没有收入”对这种状况的描述并不恰当。家庭主妇不仅是一种辛苦的工作，也是同其他工作一样的“职业”。但是，如果连女性自己都没有自豪和有尊严地建立这种“职业形象”的话，别人该如何认同这一职业呢？

如果家庭主妇是一种职业，就必须有报酬。这个报酬，是除了家庭开销以外的支出。这笔支出可以使女性财务独立。

每一位女性都需要隐私，仅仅属于她自己的私人事务，当然包括财务隐私。每一位女性都应该建立这样一个不依赖于伴侣的地位。我们认为，这不仅是女性所期待的，也是女性实现富足人生的必要前提。此外，成熟男性也希望身边的女性财务独立。只有从前自我怀疑的残余势力，才会让男性努力让女性伴侣依赖自己。这样一种没有尊严的状况，向我们传递了这样一个小男人自己所不具备的东西：安全感。这也让他得到了他自己所没有的东西：重要性。

这样冥顽不灵的人，在多大程度上可以成为理想的伴侣，还有待观察。以我的经验，大部分时候，只要与伴侣进行明确的对话，足以让他注意到，现在，实现财务独立对你来说，非常重要。如果你的伴侣也看一下本书，也许会对你有所帮助（然后，他很有可能读完本书）。你可能认为，这对你来说非常困难，甚至是完全不可能的。但是你错了，这是行得通的。我从许多女性的实例中看到了这一点。这比大多数人想的要容易。我将进行详细的描述。在这里，我想明确的一点是——基础，储蓄是你实现财务独立的基础。

现在，你用家庭开支来实践“三账户模式”。请你将家庭开支的 10% 存下来。即使这样做，有可能让手头紧张，但是，只要在月初马上将这笔钱支付给自己，你就会成功。你知道，如果你不这样做，不会有人替你去做。而且，如果你不当作首要的事情来做，那你可能永远不会付诸实践。

能量贴士

请你在 72 小时之内建立属于你的“三账户模式”。

- 请在你的普通账户下面开设一个储蓄账户和一个乐趣账户，这样你就建立了一个最佳的账户系统。你会感觉到储蓄的乐趣。
- 同银行协商。银行不应该收取这两个新账户的账户管理费。如果你的银行经理不同意，你可以换其他银行，或者选择一个直接银行（Direktbank）[①]。
- 确定每个月月初，通过定期自动转账转到这个账户的金额比率。
- 你应该至少将 10% 的收入存入储蓄账户。当然了，金额还可以再高一些。
- 支出永远不要超过乐趣账户的余额，但是，乐趣账户里的钱，你是要花掉的，不要有罪恶感。因为这你应得的，而且能给你带来乐趣。

---

① 直接银行是没有分支机构的金融机构（银行）。业务主要通过电话、传真、邮件或在网上开展。（译者注）

每次收入增加都是储蓄的好机会

古巴比伦人发现了一件有趣的事情:“你的支出会一直增加，直到等同于你的收入水平。”也许你过去某一时期比现在赚得少，而你当时过得也还不错。现在赚得多了，花得也更多了，以后也会朝着这个方向发展。我们赚得越多，花出去的钱也就越多。其实，你可以用一个非常简单的技巧来打破这种恶性循环，那就是坚持把每次收入增加的 50% 存起来，将这笔钱同收入的 10% 一起存入储蓄账户中。当然了，你可以利用月初的定期自动转账。

你想一想，如果你坚持下去，每个月会存下多少钱?我们无法改变过去，但是从现在开始，你可以坚持这样做。这样做有几个好处。

- 你可以丝毫“没有痛苦”地存下很多钱。因为你的生活水平还没有随着收入增加而提高。
- 收入增加更有乐趣、更有意义。你再也不用担心陷入过度消费的旋涡。
- 你会为自己感到骄傲。你可以向自己证明，自己擅长处理金钱事务。
- 每次收入增加，你就会离财务目标更近一步。

如果你是个体经营者，那么，你时不时也要让自己的收入增加。当然了，增加的 50% 还是要存起来。

收入不稳定怎么办

我经常听到个体经营者和自由职业者这样说:“我根本就没有固定收入，我的收入不稳定。因此我无法按月储蓄固定的金额。”

顺便说一句，我经常看到这种情况，他们没有把私人财务与公司财务分开。通常情况下，特别是自由职业者，只有一个账户。请让我清楚说明：这样混乱的状况是危险的。你需要两个独立的账户，一个用于公司，一个用于你的私人财务。有时候，要将两个账户完全分开，并非易事。例如，你想买一辆汽车，既公用，又私用。你最好尽快和税务顾问讨论这个问题。

现在，重要的是，你头脑中要把公司和职员视为同一个人。这意味着，你（公司）必须给你（职员）支付固定的工资，你要按月将固定数额的钱从公司账户转账到你的个人账户。如下图所示：

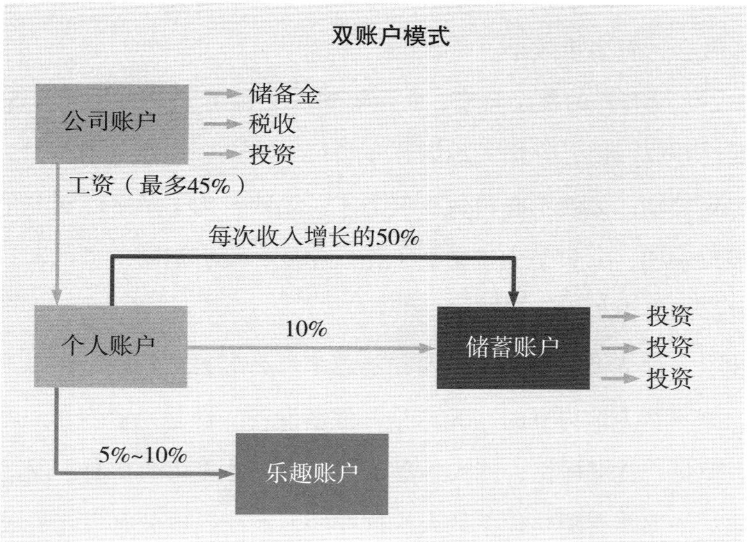

唯一的问题在于：你应该给自己支付多少工资？我们的建议是：不要超过上一年利润的 45%。最多支付 45%，因为你还要用剩下的 55% 支付税收，进行投资以及建立公司的储备金。如果你赚到了 120000 欧元的利润，其中的 45% 就是 54000 欧元。这样计算，你每个月的收入则为 4500 欧元。这 4500 欧元，你要转账给自己。你靠这些钱生活，就像你是公司的普通职员一样，或者像你有一家公司，你把当公司总经理的工资付给你自己。这样学习每个月固定用一笔钱维持生活。

没错，我再强调一下，45% 是上限。当然了，如果还能拿 15% 进行理财，那就更好了。但是，这绝对不能超过上一年利润的 45%。

永远不要有消费债务

你要学会宠爱自己。但是，要有原则，请你只花乐趣账户中的钱。如果你有个愿望，但是乐趣账户中没有足够的钱，请你等待几周或者几个月。请你只购买支付得起的东西。永远不要为了个人消费而贷款。

这样做会达到多重效果。

第一，你没有提前奖励自己，而是等到自己真正“应得”时才奖励自己。第二，通过养成习惯，你极大地增强了自信。第三，你保持了动力，因为如果提前得到奖励，你就不必再付出努力了。第四，为了填平昨天花的钱而去工作，很没乐趣，那只是为过去而工作。相反，没有消费债务的人，是为了自己的目标而努力工作。

当然了，等待极其渴望的东西并不总是那么容易，特别是可以通过贷款分期付款毫不费力地得到时。无论是一件新设备，还是一辆汽车，都充满了吸引力。但是，真那样做，就太愚蠢了。一位非常成功的女商人说过：“我不会认真地对待那些有消费债务的人。这样的人在商界也极有可能失败。”

你能存下更多的钱吗

有两种方法可以让你存下更多的钱。第一，你可以提高每个月存入的比率，也就是超过先前提到的 10%。第二，你也可以尝试从用于支出的钱中，再省出一些来，那就是“预算编列”。

你可以轻松地制订一个合理的预算计划。先列出所有开支项目，包括你每个月的全部支出。

别忘了将季度、半年度及年度的支出，也纳入每个月的预算计划中。在这种情况下，要将支付的金额除以相应的月份。比如，如果你的地产税按每季度缴纳，你就把这部分金额除以 3。如果你的汽车保险费按年度扣除，你就把这部分金额除以 12。对于一次性支付项目，比如俱乐部或健身中心的入会费以及休年假等，这种方法也适用。

能量贴士

至少每年列一次你的全部支出。

- 你会为自己的钱都花在了什么地方而感到惊讶。
- 你会有一个整体的了解，在此基础上计划下一年的预算。
- 你甚至可以立即制订出一个预算计划。
- 最好马上就开始做。也许还能帮你定期了解一年之交的情况。
- 你会惊奇地发现，这样一个简单的做法能够为你节省多少钱！

为什么大多数预算计划都不正确

大多数预算计划并没有考虑到很多付款不是每个月固定地支出。例如，按季度支付和按年度支付的金额，就常常忘记。

我们不能小看这样的问题，因为很多人的过度负债就是这样产生的。因此，你应该再检查一遍预算计划中是否存在这样的“隐藏支付”。没有什么方法可以防止意外结果的出现，但是我们可以进行估算，并将其纳入我们的计划当中。

以下是一些典型的很容易忘记的支出的清单：

- 特殊的庆祝活动：你知道自己每年为了圣诞节和生日礼物花多少钱吗？
- 镶牙：不一定每年都会出现，但是每隔几年就会产生费用，其中大部分费用，可能保险并不负担。
- 俱乐部或健身中心的入会费（年费）。
- 按年度、半年度以及季度支付的保险费用。
- 假期支出：折算到每月中是多少钱呢？
- 税费：地产购置税、资本收益税……
- 如果拥有自己的房子，你还要考虑为此产生的费用：油钱、木柴费用、电费、夏天花园用工费、修葺费用……
- 家庭宠物：买宠物的费用、宠物舍笼费用、疫苗费用、宠物受伤以及其他需要看宠物医生时产生的费用……
- 为自己购置衣物，可能的话，孩子的衣物也要算上。
- 每隔几个月理发、烫发及染色的费用。

你要把这些费用平均分摊到每个月中。重要的是，你还应该建立一个“突发事件”基金。有时候，你需要为此另开一个账户。你同样应该将一定数额的钱存入这里，以备不时之需。

制订预算计划

当然，你现在还没有预算计划。到目前为止，你只是把支出全部列了出来。但是，你已经为建立计划奠定了基础。你现在知道的是钱花在了哪里。你可能会和大多数人一样，当发现这么多钱都花在了哪里，很惊讶。

制订预算计划的一种明智的方法，就是先浏览支出清单上所有的项目。当然，对于每一项支出，你可以问问自己：我怎样能在这一项少支出一些？但是，从我的角度看，这样做的话，就不那么有趣了。如果一个人将全部心思都放在尽可能少地花钱上，他的生活品质会受到怎样的影响？

编列预算表，有很多聪明的方法，不会影响生活乐趣。请你就以下每个单独的项目，自我提问。

- 这一项有无必要？还是说我只是出于花钱的习惯买了一些根本不重要的东西？
- 在不影响我生活品质的情况下，我怎么做，才能在这一项上少支出一些呢？换句话说，我如何才能花更少的钱，得到相同的服务？

以下是一些例子。

- 如果购买一辆二手车而不是新车，你会节省超过 50% 的购物花销。
- 买一部手机，而非租用手机。否则每年你要支付实际花销的几倍。
- 和酒店讲价。即使是高级套房，你还是常常能拿到 40% 的折扣。
- 如果买私人医疗保险，你应该只针对有高风险的项目进行投保。
- 如果把所有保险单都委托给独立经纪人，你通常会省下很多钱。
- 从破产的企业那里购置办公设备。

在这方面，有很多出色的文献。我们常常认为，我们不能解决一个问题或另一个问题。实际上，我们只是缺少想法。

其实，本章中提到的内容并不是全新的。古巴比伦人早就懂得：“一个人所花费的钱，高于他应得的钱，相当于播种了纵容和放纵快乐的风，他肯定会收获悲伤和屈辱的旋风。”

储蓄并非“时尚”，不是特别流行。这个社会鼓励过度消费，广告让人兴奋。我们大多数人都没有从父母和学校那里学会如何最佳地处理金钱。政府也做得不好。随着关于新债务的讨论不断进行，毫无疑问，负债不可避免。

举个例子，假设你在过去一年产生了 10000 欧元的债务，今年又增加了 8000 欧元的债务，这样，你总共有 18000 欧元的债务。这本是一件清晰明了的事情。但政府不是这样。在这种情况下，他们可以夸耀的是新债务减少了 20%。因此，谁都可以把话说得很漂亮。

少数人经过思考，认为富裕是通过储蓄实现的。不要忘记："如果和所有人一样做相同的事，就只能获得和所有人相同的收获。"

很多人认为，自己也许在某个时候就会赚到很多钱，所以现在不需要储蓄。无论如何，明天就能畅游在金钱的海洋里，为什么还要限制自己今天的行为呢？这是一个愚蠢的希望。未来的收入是我们无法实现的神奇的解决目前问题的方案，应该会使我们变得富有。但是，事实并非如此。

财富不是自动产生的。我们必须改变处理金钱的方式。如果我们自己不做出改变，什么都不会发生改变。**如果想拥有更好的环境，就必须先改变自己。如果想拥有更多的钱，就必须改变自己处理金钱的态度和方式**。我们必须有资格获得更多的钱。我们必须学习如何处理现在拥有的钱。从什么时候开始呢？就是现在，马上！

只有陪伴我们一生的明智，可以取悦我们，帮助我们。存钱就是这样一种"明智"的行为。同样可以肯定的是，不明智的行为也会跟随我们，困扰我们，折磨我们。双手把钱花出去，与自由无关。如果我们的弱点使我们陷入困境，我们还能称自己是自由的人吗？这种情况削弱了我们的能力，而不是给予我们支持。这种情况唯独不能激励我们。

在处理金钱的过程中，我们无法避免不理智的行为，也不能假设："如果我们赚了很多钱，一切都会好。"可以这么说，寄希望于未来赚到很多钱，是在原谅自己在处理金钱时的过于天真和不假思索。今天就花掉了明天才能赚到的钱，往往会埋下隐患。

我们以牙科医生为例。这一职业受到了高层部门的严重打击。他们说，是的——但仅限于一定范围。因为这只是一方面的影响。世界上没有哪个部门有权阻止任何人明智地处理金钱。但是，发生了什么事？牙科医生在“黄金时代”开的诊所非常昂贵，希望一切都保持不变。现在，一切都不同了。特别是法律变了。现在，针对个体经营者，有了不可思议的干预，情况就是这样。只是，许多牙医今天存在的问题在当时并没有出现，那么后来问题出现了，原因在于他们计算的结果过于狭隘、过于乐观。我知道许多人现在都不再那样计算了，现在诊所的建立，与之前完全不一样。

刚刚说过，如果我们自己不做出改变，什么都不会发生改变，就算有了更高的收入，也不会有任何改变。为什么会这样？因为，尽管收入提高了，但是，有两件事并没有改变。

第一，我们自己没有改变，也就是说，我们并没有因为获得更多收入而突然成为理财专家。实际上，较高的收入就好像是催化剂，对我们的财务状况产生影响。如果我们在低收入时有问题，那么收入提高后，问题也变得更严重了。

第二，收入和支出的比率还是没有变。那种已经习惯比自己收入多支出5%的人，不会因为收入提高而改变这种习惯。同样，其透支和贷款也会变得更多。因此，整体来看，问题越发严重了。如果没有了收入（无论出于何种原因），清偿债务就会变得更加困难。收入提高的缺点，是你现在变得更加有“信用”了。

金钱是为那些了解并遵守金钱法则的人保留的。积累财富无可争辩的法则就是：储蓄。只有我们存下来的钱，才能使我们变得富有。

第六章

如何提高你的收入

我们并非根据自身价值获得收入，
而是根据我们认为自己值得多少。
我们的收入随着自信的增加而增加。
——博多·舍费尔

如果需要很多钱，大多数人会怎么做？一些人向别人借钱，导致债务增加。而另一些人则勒紧裤腰带，让自己的需求控制在现有范围之内，通常是用微薄的收入尽量满足自己的需求。

大多数人不是勇敢地接受挑战，而是限制了自己的梦想。他们主观上体验到的界限与极限，约束着自己的梦想。他们屈服于环境，被动地保持一种“等一等，看看会发生什么事”的态度。但是，他们在等什么呢？等一个奇迹吗？大多数时候，奇迹不会出现。

当然，奇迹是存在的。但是，只有当我们有所准备，并且为创造奇迹而做出贡献时，奇迹才会出现。**要么得到你自己所爱的东西，要么就必须“爱”你自己拥有的东西**。能够快速实现你心中梦想的途径，就是你的收入。

在本章中，我想邀请你来实现自己的收入奇迹——通过为自己设定目标，即在 3 个月之内使你的收入增加 20%，此后每年再增加 20%。这只是最低要求。

许多女性已经做到了。我并不是说所有相同条件的人都获得了高收入。也许有些女性比你更有天赋，有更好的起步条件。但可以肯定的是，也有很多女性的情况更糟，没有什么天赋。然而，她们都获得了很高的收入。为什么会这样呢？因为这些女性专注于获得高收入，这才是真正重要的。她们的起步条件、所接受的教育，以及所处的环境，都是次要的。

我的要求：希望你认真对待这些方法。只要你还没有进行尝试，就永远不要说："这对我来说行不通。"因为，现代社会早就应该消除我在第一章中描述过的不良现象了，女性的收入不应该再低于男性的收入了。

第一步

如果阅读本章并且按照其中的方法去做，你将会实现这些目标。你将在 3 个月之内增加 20% 的收入，并且每年额外增加 20% 的收入。我向你保证。

或者，你也许想赚得更多。那么，请现在确定，你希望在 3 个月之内多赚多少钱。

如果我们希望实现一个目标，这永远是第一步：先定义目标，记录下来。因为在生活中，我们总是会获得我们所期待的东西，不多也不少。

此时此刻，请不要考虑目标是否现实。

现在开始，好好想想你的愿望。

请你记录下来：

我希望在 3 个月内收入增加____%，届时我的月收入会达到____欧元。

为什么女性赚得比较少

男性赚得比女性多，这样一种不良现象，不应该再继续存在了。

然而，想要纠正这种情况，并非易事。因为，职场很大程度上仍由男性掌控。到处都有男性礼节、男性等级、男性解决方案和男性规则。这个世界的标准似乎都是男性化的，这其中暗藏了他们对自我的要求，以及对女性潜力的贬低。

一些女性尝试模仿男性的成功方式，但这样做只会加强男权体系，同时使许多以女性为敌的男性感到不安。在斗争面前，男性很大程度上往往会弱化感知。男性是斗士，决定着规则，因为男性将世界视为自己的世界。男性从一开始，就将闯入男性领地的女性视为敌人。

女性面临的最大危险，在于面对男性，以及由此产生的与男性的比较。因为谁将自己与他人进行比较，都注定会失败，至少在某些时候是这样的。自卑感源于与他人的比较。实际上，我们进行比较，是为了“获胜”。**但遗憾的是，我们经常在比较中失败，因而感到自卑**。在与男性的比较中，许多女性感到自卑。因为，女性尝试按照男性的规则进行比赛，在这样的条件下，女性注定是要失败的。

越早停止与他人进行比较，越能更早认识到自己的独特之处，也就能更早地提高我们的自信。我们会知道这样做的重要性。

男性会在某种程度上过于自信。他们缺少自我批评的能力——因此他们能将自己保护得很好。许多女性因为没有展现自己较强的真正实力，常常在出色之处也处于劣势。女性在等待被人发现，而男性正在发现自我。

男性乐观的自我形象，正是他们成功的工具。即使是某个偶然出现的结果，也会被男性拿来说成是计划中的成功。这种幸运带来的成功，被男性像一枚勋章一样，别在自己的胸前，进一步证明他自己的实力。对于他来说，失败只是巧合，或者仅仅因为运气不好。

女性在这方面表现得完全不一样。女性将失败归咎于自己，将成功视为运气，因此认为成功并不重要。她们这样做“更实际”吗？并没有。因为从爱因斯坦时代起，我们就知道，世上并不存在客观现实，观者创造了自己的现实。从工作角度说，这意味着：**无论我们相信自己是好是坏，我们都有一定的道理**。因为我们都会为这两种情况寻找证据，证明我们的观点是正确的。在选择性感知的作用下，我们可以找到相应的证据。

男性在工作上绝不是做得更好，但他们相信自己做得更好——正是这样，他们最终确实变得更好。遗憾的是，恰恰是这一点造就了男女工资的不同。我们并非根据自身价值而获得收入，而是根据我们认为自己值得多少。

男性具有很强的自信，因此更有可能成功。相反，女性缺乏自信，更有可能失败。男性本身对自己的性别有高度赞赏，这也是男性能以男性规则作为衡量万物的标准的原因。这是男性对自己的性别评价过高了。

一切始于童年

这一切早在童年时期就初见端倪。男孩儿会更喜欢冒险，更加引人注意，并且喜欢自我表现。他们懂得如何发挥自己的优势。他们对一些理所当然的事情，也要弄出很大阵仗，帮别人做了一点儿小事，也会成为他们自我表现的好机会。总而言之，他们成功吸引了培养他们的人的更多重视。尽管他们不总是被表扬，他们也常常受到责备，但无论如何，他们都受到了重视。由于受到重视——无论是得到表扬，还是受到责备——男孩儿对自己说：“我很重要。”

女孩儿则更加谦虚。她们无论做什么，都被视为理所当然，因为女孩儿自己就认为这是理所当然的。这样一来，她们希望获得的和应得的赞美就不存在了。同样地，因为女孩儿很少表现反抗，所以得到的关注就更少了。但是，女孩儿并没有改变策略，而是进一步加强了这种做法。她们更多地帮助别人，希望通过这种方法获得应有的赞赏和关注。但是，这种做法加剧了她们成为牺牲者的角色。

当然，这种牺牲不会让一切变得更好。相反，现在女性很明显受到不平等的对待。

当男性通过吹牛和雄性激情前进的时候，女性正在等待别人发现自己的优良品行。男性的活动范围看起来像是一个陌生的舞台，女性根本没有资格进入。她们缺少男性的服装和男性的策略。

男性能够快速从工作中获得自尊。他们所做的事情很重要，因为他们认为自己做什么都很重要。而且很重要的一点是，女性不打算与男性竞争，因此，她们不得不按照男性的游戏规则工作，注定会失败。

其实，女性应该更关注自己的优点。女性拥有如今经济环境下已经缺失的优点：倾听。首先倾听，然后发表意见，再进行交流，做出决定，根据直觉行动，进行全盘思考、计划和实施。整体服务文化包括形象管理以及与客户沟通，与客户建立并且保持联系。

女性在展示女性的一面时，在重视自己的优势和独特性时，最为强大。在任何情况下，女性都不应该进行相互比较，必须学会重视自己、尊重自己。只有这样，女性才能得到他人的重视和尊重。

获得更多收入的最重要的条件

增加收入的最重要的条件是什么？当我们这样问自己，我们就会想到许多特质：毅力、守纪、想象力、勤奋、热情和雄心……这些当然都非常重要，很多甚至是必不可少的。但是，有一样特质极其突出，因为那是其他特质的基础条件。

我们从前面的内容可以清楚地知道，这一特质就是自信。你的收入随着自信的变化而同步提高（或者减少）。为什么会是这样呢？现在，对于金钱的渴望通常是自信的问题：你是否认为自己的时间和成就有价值，取决于你对于自己价值的评估。如果认为自己应该加薪，你就要开始寻找机会帮助自己获得加薪。

为了识别机会、利用机会，你必须充满信心。拉姆·达斯（Ram Dass）说过：**“大雨倾盆而至，但是，如果只拿一个碟子去接，你得到的终究只是一个完整的碟子。”**

问题不在于你的真实价值，而在于你认为的价值。你所得到的并非你应该得到的，而是你认为自己应该得到的，不多也不少。

天生的自信是神话

研究人员大多达成一致看法，认为所有人出生时自信都是一样的。因此，自信是无法遗传的，我们必须自己建立自信。在童年时期以及成年后的每一天，我们都要有自信。小时候，我们只能在周围环境中随意地成长，但不知什么时候，我们成大了，可以根据自己的责任确定自己的生活环境。最重要的是，我们可以自己决定如何解释生活中发生的事情，自己决定加强我们的失败或成功的经历。

在这里，自我意识会决定自信。首先，我们需要了解自己，了解自己的真实看法。**我们只能相信我们熟知的人——这当然也适用于我们自己**。如果一个人不了解自己，就不会喜欢自己。

我们越是更好地了解自己，就越能深刻地认识自我行为的机制。我们越是清晰地了解这种机制，就越能掌控自己的生活。大多数人的问题在于，他们不了解自己不知道的东西。他们不了解决定其生活的机制。因此，他们无法控制自己的命运。

与动物不同的是，我们有选择的可能性。因此，我们有机会自由选择自己的行为和反应，但前提条件是我们已经意识到了自己的这一选择（自信）。

自信是相信自己的一种能力。我们是否有理由相信自己，很大程度上取决于我们在过去是否为自己找到了恰当的证据。我们越是努力地相信自己，我们的自信就会越强。我们越是专注于我们所能控制的领域，就越能感受到自己更强大。

你要知道，生活中所有重要的因素都是完全由你控制的：你可以决定与谁打交道；你可以决定如何看待自己和这个世界；你可以决定如何解释自己所处的这种境况，以及自己对这种境况做出怎样的反应。你越是自信，你的机会就越多，你的世界观中的可塑空间就更大。那么，你就更可能成为实施者，而非牺牲者。

这里说的并不意味着“正向思考”。单单“正向思考”这一说法就引起了人们的一些困惑，因为它常常代替了自信。在缺少证据的情况下，自我暗示的程式会降低自信。生命的交响曲并不仅仅是一系列高音的组合，也有一些低音和令人生厌的音符。

“正向思考”意味着，从整体上讲，生活是一场庆祝活动——如果你对生活的看法正确的话。有自信的人知道，生活中存在着艰难的时刻和真正的问题，但他们有信心去解决这些问题。

在这里，我们不应该反对“正向思考”。相反，没有什么比悲观主义更不负责任的了。但是，仅仅“正向思考”是很危险的，必须辅之以证据。这些证据必须来自你的内心。暗示程式和外部动机都不足以使你信赖。自信是指对自己充满信心的能力。

我们是否有理由相信自己，取决于 4 个因素：

1. 我们在过去积累了哪些经验。

2. 我们自己是否感知（自我感知）到哪些经验。

3. 我们如何评价这些经验。

4. 我们通过哪一种记忆管理方式提醒自己，也就是说，这些经验在多大程度上可以供我们借鉴，警醒我们。

没有人可以总是很强，也没有人永远都是失败者。有时，我们每个人的成长表现都远远超出自己的平均水平；有时，我们的表现却远远低于自己的能力。关键在于我们是否了解到是哪些经验，我们如何评价这些经验，这些经验在多大程度上可以为我们使用。换句话说，这取决于你面对新状况时使用的“记忆芯片”——你使用哪个参考经验与当前状况联系起来，你又如何将这些经验引入内心的对话中。

我们都接受了消极教育

现在，大多数人都在说：“我知道我做不到。”因为与我们真正能够做到的相比，我们所有人都太没有自信了。

遗憾的是，我们接受的教育通常并没有帮助我们建立自信。据统计，一个孩子到 12 岁为止，平均每听到 1 次“是”，就会听到 17 次“不”。其他孩子也没起到什么好作用。我们常常听到这样的话：“你不能和我们一起玩，你太小了。”

学校也是一样——因为学校就是要挑毛病。在 3 张纸的听写练习中就有 3~5 处错误。为了清楚地强调错误的重要性，老师用红色笔标出。由此，我们学会了专注于自己的弱点。

媒体也是一样——超过 80% 的媒体报道都是消极的。

电影和电视连续剧也是一样。我们在当中看到一个又一个吸引人的酷角色，他吃个早餐的工夫所做的英雄事迹，就比两个普通人一辈子做的都多。

我们的大脑也是一样。我们的大脑要记住那些充满小坎坷的消极经历和时刻，比记住我们的成功要容易 11 倍。

广告也是一样。它们告诉我们，一个女人要穿什么，开什么样的车，使用什么东西。它们潜移默化地传达出这样的信息："如果你没有这个东西，你就不'时尚'"。然而，女性不可能拥有一切。

教堂也是一样。因为它向人们解释，人首先是一个罪人，即便没有做任何坏事，仍然有"原罪"——这直接使人成为一个坏人。不断经历坏的"认识"，并不能使人建立起自信。

这一切意味着，我们几乎没有什么机会。大多数 14 岁的少年，对自我的形象都产生了如此消极的认知，以至于讨厌自己的身体。他们觉得自己不安全，觉得自己没用。

没有自信的人忍受着痛苦的煎熬，低估自我潜力、机会和尊严。这种痛苦最终导致他们屈服于命运。对于许多人来说，忍受痛苦似乎比采取行动更容易。因此，他们放弃了我们在任何时候都有的自由的选择——选择保持自信或者建立自信。

成功日志

因此，我们必须迅速"更正"我们对自己的印象。如何建立你的自信？有一个简单而非常有效的方法：在一个空白的笔记本上，每天记录你做得很成功的 5 件事。这 5 件事不一定仅限于工作上的成功，也可以是你得到了伴侣的称赞，你让某人感到高兴，或者你最终完成了很长时间计划要做的事。

你关注过自己的健康吗？你宠爱过自己吗？你想过什么好点子吗？你让

某人发笑过吗？请你回忆一下那些“理所当然”的事情，遗憾的是，这些事情，通常只会在我们缺少了，或者无法再做的时候，变得尤为重要。我们经常轻轻松松地说：“但是我只是在做其他人会做的事。”但重要的是：**“你就是做过了。”**

这与事情的重要性无关，而是取决于你记录的数量。通过记得自己做得好的事情，你将学会专注于自己的优势。你会进行积极的记忆管理。

通过有选择地记录——也就是只记录我们的成功——我们可以决定希望在将来遇到怎样的自己。我们通过记录，从某种程度上延长了我们的经历。我们专注于成功，会孕育出新的成功。如果我们意识到过去取得的成功，新的成功会更容易出现，因为我们期待这样的成功。当我们期待成功，我们就会去寻找成功，这样，我们就会发现新的机会，并且相信自己可以抓住机会。

能量贴士

一、请你拿出一个空白的笔记本，将它命名为“成功日志”，每天在本子上记录 5 件做得很成功的事。

- 你会意识到自己有多优秀，你会建立自信。
- 你会学会关注自己的优点。
- 自信是增加收入的关键因素。自信增加一倍，你的收入就会增加一倍。
- 你会从中发现机会，相信自己可以抓住这些机会。
- 你认识到自己作为人和作为女性的独特性，所以你不必和男性竞争，而是有目的地发挥你的优势。

你如何看待书中的某些句子？比如，读到“财富是你与生俱来的权利”时，你做何反应？你是会点头说“没错，我实现财务目标只需要几年的时间”，还是会在心里产生怀疑？

无论你的回答是什么样的，你是否意识到，一切最终都将只是你的自信的问题？财富是你与生俱来的权利，这句话既对，也不对。如果你认为这并不符合你的情况，也是有道理的。但是，如果你认为确实如此，那么，财富就会发生在你身上。

加薪的事情也是如此。**你是否相信自己应该赚到更多的钱，是关键所在**。也许你会提出异议：“根本不可能。”但我想请你简单地尝试一下，你将看到真的有用。只需按照下面的方法尝试，你将会让收入提高20%。

二、你要确定，自己希望在3个月内将收入提高20%。为了实现这一目标，你将按照下面的提示去做。

- 记录3个月的“成功日志”。每天至少记录5件你做得很成功的事情。
- 写下收入提高了20%时你将要做什么。给你一个建议：将所增加的收入的50%存起来。
- 3个月之后，再读一下“成功日志”。找出你为了获得每一项成功运用了哪些能力。你将了解到自己通常会运用哪些优势和能力。通过这种方式，你将来就不会把个人的成功当成“幸运事件”，而是当成自己真正的价值，是你发挥优势的结果。此外，通过这种方式，你可以在未来更加深入、更有意识地利用你的个人成功模式。
- 列出一个至少包括15条你值得加薪的理由的表。列这样一张表，可能对现在的你来说有难度，但是，在你记录了3个月的“成功日志”之后，你就能轻松做到。
- 在另外一页纸上记录你过去为公司所做的一切。记下你从哪些方面节省了钱，从哪些方面赚到了钱，你提出过哪些想法。这样做的一个根本原因是：通常情况下，公司里的决策者甚至不知道你的真实贡献。你要做的，就是让他们知道你的付出。

- 以全新的自信观察市场。你还可以在哪里工作？那里的工作条件如何？如果换了一个雇主，你的工作对他有什么价值？当你与现在的雇主进行关键性谈话的时候，这会给你提供安全感。你处于有利地位，因为你意识到并不依赖当前的这份工作。
- 与公司的决策者约一个时间进行谈话。告诉他，你想和他讨论自己对公司的价值。你可以在镜子前或者找一位熟人练习一下你将要进行的谈话。
- 谈话时要展示出为什么自己值得加薪。不要忘记：公司感兴趣的并不是你需要什么，而是你应当获得什么、你对公司的价值。有一说一，不要谦虚。通常情况下，决策者甚至不知道你的成就和你对公司的贡献。
- 要求加薪时，谦虚并不是什么美德。尽管这对你来说很难，但是，你必须学会争取。如果你坚定和自信地提出自己对薪水的想法，明智的决策者甚至会表示赞赏。
- 根据谈话进展，让决策者先提出建议。如果你的谈话很顺利，决策者通常会提出超过你要求的建议，但是请你不要接受低于20%的加薪。

从我的研讨班上，我了解到一些你可能会遇到的反对意见，也许你公司的组织结构不允许你这样做，也许对于加薪有着严格的规定。

请你记住以下几点：第一，你不一定非要继续从事当前的工作。第二，你还可以另外赚一些钱。第三，许多人会惊讶地发现，原来在他们强烈地要求解决加薪问题之后，一切皆有可能。

也许你会反对：“不可能这么简单。不可能只与自信有关。”

为此，我向你保证，一切就是这么简单。虽然这很容易理解，但是，实际做起来却不容易。因为这需要养成习惯，每天早晨比原来早起 5 分钟，并且在“成功日志”中记下 5 件事。

当然，这也不**仅仅**依赖自信。因为你的自信，只是整个加薪链条的**触发因素**。但它终究是一切的触发因素。

个体经营者要怎么做

作为个体经营者，你完全可以照着做。从明天起，要求多收入 20%。

虽然你会因此失去几个客户，但不会超过 3%~4%，他们也极有可能并不是你最好的客户。

如果你从剩下的 96% 的客户中，多获得 20% 的收入，那么，你获得的利润不仅仅提高了 20%。实际上，你的利润还会高得多。

为了算出准确的数额，你需要知道你公司平常的利润。假设你公司平常的利润是 10%，如果现在你将营业额提高到 20%——因为你要求多收入 20%——那么，你的利润就会提高。再举一个例子，如果公司平常的利润是 20%，营业额又增加 20%，甚至会给你带来更多的利润。

如你所见，在市场上坚持价格竞争，是行不通的。如果你存在这种情况，你应该抓住时机审问自己，从长远来看，这种情况是否令人满意。在许多情况下，以低价参与竞争的人，由于缺乏资金而无法提供他们想要提供的服务，也无法扩大规模和进行投资。总体而言，这样经营状况往往会形成一种恶性循环。

还可以选择哪一种方法呢？其实很简单：成为专家。开始吧，让自己变得专业。不是让你尝试做更好或者更廉价的事情，而是要“有所不同”。

要成为独一无二的、与众不同的人，要找到从人群中自己脱颖而出的方法。寻找和留住客户的方法，不是要广泛地进入市场，而是精准地切入市场。你越专业，就越能精准切入。占领一个空缺的利基市场，如果找不到这样的利基市场，那就发明一个新的范畴。企业家必须自己去招揽和寻找他们的客户，只有专家才会接到客户的电话。

因此，你要为成为专家而工作。要阅读有关定位的营销书籍，至少每个月读一本。要至少每天抽出一个小时思考如何定位自己。要和工作伙伴举行头脑风暴会议。要与其他企业家会面。

时常向自己提出下面列出的问题：

- 是什么使你与众不同？
- 你“独特的销售主张”（USP，Unique Selling Proposition）是什么？
- 你的使命是什么，也就是说，要让潜在客户一眼就看出你可以为他提供哪些好处。
- 是什么让你和其他人有所区别？你如何阐释这一点？
- 客户使用你独特的产品或提供的特别服务，可以获得什么好处？不要试图描述你的产品或服务能做什么。相反，你要更直接地问自己：“我的客户可以从中获得什么？”只描述好处。你还要发现好处还有什么好处。你确定之后，进一步问自己：“客户又可以从中得到什么？”

你要确定理想的客户群，确定他们的年龄、收入、爱好、住址——所有你能设法找到的信息。

问问自己，谁有了你希望得到的那些客户。你可以与他合作吗？

专家还可以决定价格。因为专家是唯一能提供这类服务的人。只要价格与服务相符，那么作为专家，你就可以自己决定价格。

只有少数企业家能够一跃成为专家。因为企业家往往犯这样的错误：观察客户，然后为了让客户满意而按照他们的需求设计业务。

然而，很少有人思考过他们是否真的希望拥有这些客户。我们应该问自己希望拥有哪些客户，然后开展业务去吸引这些客户，而不是围绕拥有的客户来发展业务。

成功女性的思考与提示

下面是一些成功女性的思考与提示。请记住那些对你有所启发的部分。

- 展示你的优势。除了你自己，没有人能让你自卑。
- 每天做一些有助于提高你的收入的事情。
- 在没有人关注时，坚强、优秀的女性也会保持风度，就像所有人都在注视着她。
- 学会储蓄，通过储蓄证明自己有强大的雄心。
- 在为加薪谈判时，要总是提出超出自己期待的金额。
- 如果你的（薪水）状况不可接受，请做好准备离开这家公司，这是你最后的谈判手段。
- 培养自己的创造性，坚持寻找更好、更快、更新和更有效的方法，去完成工作或解决问题。
- 不要回避问题。总是用一个新的更大的问题替换已经解决的问题。能够解决问题的人常常因此获得发展。
- 人们常常觉得能够迅速完成项目的女性，更优秀、更有能力。
- 在每次面试后给对方寄一封简短的感谢信。这样的小细节往往是决定性因素。
- 投入比其他人更多的时间和精力，付出比其他人所期待的更多的东西。要记住，公司的关键人物在观察着你。
- 如果你所做的事永远不会超过你所得到的报酬，那么，你永远不会获得比现在还多的报酬。

- 你的老板是你最最重要的顾客。要经常问自己：我如何才能让老板满意呢?
- 为了自己希望拥有的工作而打扮，而不是为了你现有的工作而打扮。老板倾向于提拔和自己打扮相似的人。
- 永远不要把性别当作借口，以免造成不良后果。不对别人这样做，也不对自己这样做。
- 对老板、对同事、对公司、对自己的作品，永远保持忠诚。因为总是有人在注意着你。
- 当然，只有热爱工作时，才能做到上面所说的这些要求，所以，找一份你热爱的工作吧。

请记住，如果你在自己所做的事情上低估了自己，那么，世界也将低估你这个人。

第三部分

金钱与家庭

▼如何教孩子处理金钱

▼婚姻与离婚

▼遗嘱：正确地遗赠和继承遗产

悲观的人从机遇中见到困难，

乐观的人从困难中见到机遇。

——温斯顿·丘吉尔（Winston Churchill）

第七章

如何教孩子和金钱打交道

为那些自己希望看到的事物而感到高兴吧。

——托马斯·J. 彼得斯（Thomas J. Peters）

在研讨班上，常常有人向我请教：我怎样做才能让我的孩子不必像我一样辛苦地学习处理金钱？我怎样做才能确保孩子轻松学会与金钱打交道？

本章将会就这些问题介绍一系列实用技巧，但这些技巧不仅限于处理金钱，因为这些问题背后还有更大的挑战：你有哪些引以为傲的价值观？你如何将这些价值观传递给你的孩子？我们的价值观从某种程度上看就是我们个性的软件。我们的价值观决定了我们如何行事。因此，关于价值观的问题，就是决定一切的核心问题。

对于我来说，金钱有多重要？对于我来说，是金钱重要，还是诚实更重要？我可以在有钱的同时成为一个正直的人吗？还是说，我注定会表现得毫无顾忌？

下一个挑战是：你怎样才能成为孩子的榜样？你如何让孩子做好准备，迎接这个瞬息万变的时代？如何避免你的建议成为对自身状况的辩解工具，以便孩子能够真正有效地为未来做准备？

这些问题与处理金钱的问题紧密相关，我们想放在一起进行讨论。

你就是榜样

请允许我先在这里做两点说明。

第一，没有什么比你的榜样力量更重要，没有什么技巧比你“富有”所产生的影响更好。你的孩子会由此发现，金钱是一种令人愉悦之物，是一种有助于幸福之物，而非让人头疼之物。

通过树立榜样，我们可以比“聪明的教学法”更能发挥教育作用。没有比榜样力量更能发挥作用、更深刻的了。普通父母的孩子有 1/500 的机会成为百万富翁，而百万富翁的孩子则有 1/5 的机会。也就是说，**如果你本身很富有，那么你的孩子变得富有的机会比他人多 100 倍**。

你知道这句话：“你不要谈钱。”你是如何和孩子谈论金钱的？你有多少次采取了积极的谈论态度？

上一次你在餐桌前拿出一张 500 欧元，充满爱意地抚弄，并且向孩子解释纸钞上图案的象征意义，是在什么时候？ 500 欧元纸钞上是 20 世纪末现代建筑的图案（所有的欧元纸钞，正面是象征欧盟开放与合作精神的门和窗，反面是象征欧洲各国人民紧密联系的某一特定风格的桥梁）。

或者，你也许这样对孩子讲过：“好好洗手，钱很脏。”你想一想我们可以多快让年轻人建立“否定财富程序”。

大多数父母对自己的榜样角色认识不足。比如，一些家庭不会享用客厅，只有客人来访时才使用客厅。在这种情况下，孩子会得到这样的信号，就是客人比家人更重要。

如果父母对偶然打碎某件贵重物品特别生气，就是在暗示东西比人还重要。相反，如果一位客人不小心损坏了这件物品，大家大概会先问客人是否受伤。这时，父母可能会说："没关系，这种事情总可能会发生。"

再举一个例子。

假设你说，"来，我们从自动取款机取点儿钱"，那么，当你的孩子对你提出无数个愿望时，你就不要惊讶。因为，他会觉得只需要再去一次自动取款机取钱就是了。以前父母常常向孩子解释说，金钱不是长在树上的。而今天，我们的孩子知道了，只要按下按钮，就会有钱从一个机器里吐出来。

第二，即便你还没有孩子，我也建议你稍稍读一下"能量贴士"，因为你总会给其他孩子购买礼物，有时候可能是把金钱当礼物。送礼物也有责任在其中，这一点很重要。

为什么要给孩子零花钱

我们总是听到："如果我的孩子需要用钱，他向我要就可以了，他们为什么还要零花钱呢？"

以下 4 个原因说明零花钱有着重要的意义：

1. 给孩子零花钱，你可以借机教孩子如何处理金钱。

2. 让孩子共享家庭收入。当然，你应该做出相应的解释。

3. 让孩子从中学会负责，独立做决定。如果只能向父母要钱，那么做决定的是父母。与此相反，如果孩子有了零花钱，他们就必须进行抉择，思考类似"我应该把钱花掉，还是存起来"的问题。

4. 有了零花钱，我们可以允许孩子用很少的钱犯一些小错。希望孩子从这些错误中学习。这样，他们今后就不会花大钱犯大错了。

从几岁起给孩子零花钱才有意义

教孩子处理金钱，第一个问题是：给孩子多少零花钱？

什么时候开始给孩子零花钱才有意义？下面的内容是我们的孩子不同的成长阶段的概述，你可以从中学习到，哪个阶段采取哪一种方式给零花钱。每个阶段都存在某些困难，但是每个阶段都是好的，本身是完美的。这取决于我们的看法，我们要看到每个阶段积极的方面。成长中的每一个困难和挑战，都是教会你的孩子掌握一些基础知识的独特机会。如果我们接受了这一观点，那么在教育中，你就会让困难和问题成为孩子成长的绝佳机会。

当然，理论听起来比付诸实践容易多了。实际上，这总是和我们真正照顾我们的孩子有关。你知道对孩子的“爱”如何拼写吗？那就是“Z–E–I–T”（时间）。向孩子传授金钱的事情很耗时间，但是一切都是值得的。

以下关于不同年龄的信息，只是大致反映了孩子不同的成长阶段。因此，请无须担心你的孩子早于或晚于其他孩子进入某个阶段。

你还会阅读到父母通常给孩子多少零花钱。有一半的学生每周会获得一些钱，此外，2/3 的学生会在圣诞节、生日等特殊场合获得现金礼物。

这种做法值得商榷，至少应该辩证思考。一个孩子很难学会处理每周得到的钱。

你应该为孩子找到处理特殊场合获得的现金礼物的办法。比如，可以把这些钱分成几份，用来实现孩子自己设定的特定目标，通过这种方法把钱全部或者部分存起来。只有这样，你的孩子才能学会正确的财务计划。

你的孩子在哪个阶段

5 岁至 6 岁：还不需要给零花钱

在这个年龄阶段，给零花钱还没有意义，因为这时孩子对金钱还不是很感兴趣。金钱对他们的重要性，尤其体现在能够买东西上。这个时候的孩子会随意地处理金钱。他们丢钱，花钱不假思索，对存钱没有感觉。这时候教他们存钱，意义不大。

如果你对此有些怀疑，可以给孩子一些糖果，告诉他，如果他到晚上还没有吃光这些糖果，他就会得到一些他特别喜欢的东西。但是，极可能这些糖果在下午就被孩子吃光了。

7 岁：第一次给零花钱，让他花

现在，你应该给孩子零花钱了，因为孩子对金钱的兴趣有所增加。他现在想要零花钱，也准备好赚些零花钱了。

顺便说一下，6 岁至 9 岁的儿童，平均每个月宜得到 20 欧元的零花钱，每次给 4 欧元至 5 欧元，是比较合理的金额。在这个阶段引导孩子存钱没什么意义，因为他还不能理解。对孩子采取他们不能理解的方式进行教育，很容易产生相反的效果。

8 岁：教孩子喜欢钱

在这个阶段，你可以为孩子和金钱打交道奠定一些重要的基础，这也是为他未来的雄心、财产和商业技巧打基础。现在孩子明确想得到钱，对金钱很迷恋，疯狂地想赚钱。

孩子几乎不会在平常的东西上浪费钱，相反，他可以为买下很贵的东西而存钱。他喜欢买东西，拥有东西，他很懂得交易和讨价还价。

现在，你可以让孩子为健康的金钱关系奠定基础了。我们越是把金钱视为一种令人愉悦且值得追求的东西，就越能吸引更多的金钱进入我们的生活。

还有一点：在这个阶段，孩子会明显表现出希望拥有的想法，以至于界限变得模糊，甚至被越过。在这个阶段，如果孩子没有得到某件东西，他很有可能直接把东西拿走。一些家长把这个过程夸大了，他们从孩子身上看到了未来的罪犯。

其实，这只是一种典型的现象：孩子觉得他确实“需要”他想要的东西。他会偶尔从商店里带走一些东西，或者向母亲的钱包“借”几块钱，却“忘记”和母亲说。这虽然不是好事，但也算不上犯罪。否则，我们都会被犯罪的儿童和青少年包围了。

我们都有从父亲的钱包或者母亲的手提包中拿钱的经历，不是吗？我就这样做过。我们确认自己的孩子并不是跟其他孩子不一样时，不能忘了这一点。这可能不是一件好事，但也没必要大惊小怪。也许这些“金钱病”就像麻疹一样，大家都要得上一次。

9岁：教孩子存钱

现在，你可以（也应该）给孩子单独开一个账户。如果你是通过买一个小猪存钱罐，来给孩子讲“积累财富和理财”的观念，可真的是太老套了。仅仅一个存钱罐是不够的。顺便说一下，如果你已经买了存钱罐，那最好是玻璃做的，有盖子，可以打开的那种。（真想知道是什么样的人最先发明了那种不透明的存钱罐，这种存钱罐让人看不到成功，还需要打碎才可以把钱拿出来！）

你可以（也应该）鼓励孩子用更好的方法管理金钱。现在，孩子已经掌握了简单的记账方法。他会花很多时间对他的收藏和财产进行编目。现在，孩子第一次喜欢上拥有一大笔钱，把金钱当成目标。现在，他愿意数金钱，看着金钱，展示金钱，也愿意谈论金钱。为了买稍微贵一些的东西，他可以存几笔小额的钱。

在这个阶段，你可以很好地教会孩子按照计划做事和设定目标的方法。孩子就像是玩游戏一样，很快学会设定目标、制订计划。最重要的是，孩子学会相信这些计划，因为他把实施计划视为成功。此外，孩子还学会了相信自己。每达成一次目标，都会帮他增强一点儿自信。

在这个阶段，孩子对零花钱还没有太大的兴趣。因此，这个阶段很适合和孩子“做生意”。假设孩子每个月得到 20 欧元零花钱，这样，你可以和孩子一起来分配。举个例子，你可以建议他把其中一部分钱存起来，比如 10 欧元，这部分钱还可以继续分配，其中 4 欧元用于积累财富。

需要注意的是，你要向孩子彻底解释清楚，因为财产本身不是容易理解的目标。我写的《小狗钱钱》一书，就为青少年提供了一条通往目标的途径，本书对成年人也很有帮助。在本书中，你的孩子可以通过故事自己发现如何明智地与金钱打交道。

其余的 6 欧元，可以作为一个中期目标存起来，比如买一辆自行车。如果你想采取这种方式，那这个年龄段是一个绝佳的机会。但是，只用“餐前小点和主菜”之间的短暂时间是不行的，你要花上几个小时来激发孩子的欲望，然后一起共同去实践。

能量贴士

和你的孩子一起做一个梦想之罐。设法了解孩子全心全意希望实现的目标和愿望。不要把这个愿望看成负担，而要看成一个向孩子传达某些重要的东西的机会。

- 讨论一下要购买的东西需要多少钱。算一下实现目标需要多长时间（以及如果孩子已经存下了一定金额的钱，你要额外为他添多少钱）。
- 和孩子一起做一个罐子，当作你们的存钱罐。
- 找一张孩子想要的东西的图片，贴在罐子外面。
- 确定孩子定期从零花钱中省下来的金额。
- 你要监督孩子，孩子一旦领到了零花钱，这部分金额要马上放到存钱罐里。
- 如果孩子亲眼看到，你将实现某个目标所需的钱，存到你自己的存钱罐中，就可以把这个想法更加牢固地印在孩子的脑海里。你可以把身上所有的零钱都放在里面，这样，你也可以顺便实现某些目标。

10岁至11岁：帮孩子找一份工作

这个阶段，孩子会变得“有经商头脑”。他们可以制订一周的预算，为更大的支出做计划，去存钱。他们很喜欢在家接受“额外的”工作或劳动来赚些钱。孩子的需求提高了，他们可能更频繁地要求“调整零花钱”。很多父母因为子女不断提出要求而叹气。其实，这时有很好的机会。现在，你可以向孩子传递一些关键性的观念：工作的价值、个人责任，以及愿望与成就的相互作用。你应该抓住机会，有针对性地支持孩子从事某些工作，而不是把钱塞到孩子手里。

因此，你应该和孩子分析他的强项是什么，兴趣在哪里。在孩子面前，你要抑制自己所谓“聪明智慧”的想法——努力才能赚到钱，以及严格遵守纪律、履行职责是人的最高价值观之类。你希望把孩子培养成一个幸福的人，现在就应该抓住机会，让孩子理解工作应该要带来乐趣，我们只有做自己喜欢的事情，才会做得好，只有做这些事，才能赚到很多钱。你要帮助孩子通过他的爱好来赚钱。

注意：如果你自己对工作都不能产生乐趣，神情沮丧、懊恼地回家，就不大可能让孩子相信“工作有乐趣”的观念了。

此外，在这个年龄段，孩子已经能解决很多与钱有关的问题了。孩子还培养出了良好的财产和隐私意识。举个例子，所有孩子都不希望，父母没打招呼或未经他许可的情况下，进入自己的房间或者动自己的私人物品。

通常情况下，10 岁至 13 岁的孩子平均拥有 30 欧元的零花钱。

能量贴士

和孩子一起列出一张包括他的强项和他喜欢做的事情的表。

- 和孩子一起寻找能够开拓和发挥这些强项的可能性，以此使强项得到发展。
- 找到孩子最喜欢的兴趣爱好，一起思考如何利用这个爱好赚钱。
- 不要把关注点放在孩子的弱项上，而要寻找办法去克服弱项。
- 让孩子承担与其强项相符的家庭劳动。
- 给孩子讲讲那些因发挥自身强项而成名的人的故事。
- 看着你的孩子，就好像孩子已经在自己喜爱的领域中表现十分出色，你的眼光就会成为能够实现的预言。

12 岁至 14 岁：教孩子自己承担责任

在这个年龄段，孩子对金钱的需求，随着愿望的增加而日益增强。

他们对电子产品和漂亮衣服越来越感兴趣。你的孩子会喜欢上购物，愿意逗留在购物中心。在这个阶段，来自同龄人的压力非常大，这个年龄段的孩子十分善于抓住父母的心。当孩子说起“我的朋友们都有”，“你们是不是想让我被人冷落”，“我在学校需要这个”……你会产生一种内疚的感觉。

孩子们这样说，屡试不爽，因为父母无论如何都会感觉到内疚。因为他们一直都在工作，因为他们离婚了，因为他们赚得不够多，因为他们没有足够的时间陪伴孩子……但是，没有足够的时间陪伴孩子，是不能将金钱当作礼物来弥补的。

这个阶段的孩子要学会承担责任。如果想要的东西更多，他就要找到获得收入的新方法。孩子可以向父母“要钱”来实现自己的每一个愿望，但父母不会一直陪在身边。

在这个阶段，孩子会与父母产生矛盾，因为孩子有时想得到的东西，会比他实际需要的东西多。他会事先没有得到允许就去“借钱”，这有可能会发生欺骗行为——特别是在之前还没有建立信任感的情况下。有了良好的信任基础，孩子基本不会欺骗或者说谎。

在这个阶段，孩子已经理解收益和亏损了，最重要的是会计算储蓄的利息以及复利。

这时，单纯持续增加零花钱，当然不是解决问题的好办法。

相反，你可以依赖之前几个阶段奠定的基础。当然，这无疑是非常关键的年龄。此外，也出现了培养孩子终生习惯的好机会。你需要抽时间和孩子进行推心置腹的谈话。隔着厚厚的门，你显然无法好好解释财富与处理金钱问题的基础。

重要的是，这个年龄段的孩子，会密切地观察你的言行举止，他只会接受您以身作则的事情。

15 岁至 19 岁：少即是多

我们让孩子在经济和财务上独立的时间越长，孩子就越会不满足，也就需要赚更多的钱。他们其实现在就有机会赚钱，而且是稳定地去赚钱。

此外，直接向父母要钱则容易得多。只有当从父母那里什么都得不到了，孩子才会去认真考虑工作的事。如果愿望唾手可得，谁会将目光投向远方呢？如果对孩子百依百顺——因为父母要以此传递出对孩子的爱——就是剥夺了孩子为成年做准备的关键机会。

每月 50 欧元的零花钱绰绰有余。不应该对孩子定期承担的（和应该承担的）家务支付报酬。你也别就为孩子所做的一切，向孩子计算报酬。你可以因为一些不寻常的工作，给孩子支付些报酬，就好像你从外面雇用了一个工人一样。

在这个年龄段，那些混淆慷慨大方和爱的父母，会培养寄生虫和生活无能的人。真正爱孩子，就不要让孩子设法逃避困难。生活并不总是安逸的，时常有挑战和困难，意外的事情也总会出现。让这些事情远离孩子，就是助长了他们的依赖性。

孩子不应动不动就寻求父母的帮助，而应该追求自己拥有更多的强项。他们不应该一味地要钱，而是应该让自己更有创造力，来实现自己赚钱。他们不应该追求平淡的生活，而应该提高自己的能力。

相反，绝大多数父母不是这样去帮助孩子，而是直接给孩子金钱，一而再，再而三。看起来像是孩子在奉承父母，让父母有一种被需要和被爱的感觉。

父母本是好意，他们希望孩子拥有更好的生活，让他们远离财务困扰。但实际上，结果完全相反。孩子变得远离现实生活，成为生活上完全无能的人。因为这样的孩子从未学会如何处理问题，所以没有自信，一直生活在对未来的恐惧之中。

有时候，父母会因背负罪恶感而屈从于这种财务制衡。从另一个角度看，他们这样做，是因为现在流行一种全新的观念：西方国家的父母强烈地希望孩子快乐，并不想教育孩子获得健康和成功。

教育和知识已不再那么重要，锻炼他们，让他们为生活做准备，也不再是关键。父母的目标不再是让孩子成为明天的成年人。不，他们认为孩子应该快乐，而且是从现在立刻开始，一直快乐下去。

我们经常混淆金钱和快乐。我们认为，快乐是在没有问题的时候产生的。但实际上，当我们逃避问题时，真正产生的唯一的东西就是无聊。我们停滞不前，不再自我发展。换句话说，这绝不是快乐和充实的状态。

20 岁以上：发展财务独立

《圣经》中有一则“丢失的孩子”的故事。这个孩子很小的时候从父母那里得到了财产，就出门旅行，将这笔财产挥霍了。最后，他破产了，带着忏悔回到家乡，他的父母还是张开双臂欢迎他回家。

这种寓言在今天已不再适用。虽然现代文明世界里不乏这种像迷失少年一样的无用之人，但父母并不期待孩子回家。原因很简单，因为大多数人根本没有离开过家。

他们就待在家里，因为家里舒服、安逸、令人向往。父母的庇护是如此如此温暖，一切都如此温柔、美好。他们虚度青春，用这种方式歌颂自己的懒惰。

如果这些年轻人从未学过如何谋生，又怎会突然有一天完全独立呢？显而易见，父母慷慨大方的教育方式，是造成今天许多人陷入消费债务困境的主因。慷慨大方的环境造就了孩子的依赖性，尽管一切本是出于好意。

父母要为孩子的汽车支付首付，要在孩子工作跳槽中间的空窗期给予经济支持，还要为孩子的旅行准备资金……当然，这一切花费都是孩子父母“借的”。但这些借的钱永远也还不上。

父母或许会觉得孩子长时间住在家里也挺不错，但这不利于培养孩子的独立性，也不能让他们过上富裕的生活。今天有些人虽然已经 27 岁了，但仍和父母住在一起。

如果孩子一直住在家里，情况可能会一直那么好。当然，这种生活根本不需要他具有独立的能力，但也不会让他变得富有。现在有许多人已经 27 岁了，往往还住在父母家里。

遗憾的是，在这种方式下形成的依赖性，在孩子最终搬出去之后依然存在。父母对于孩子来说就是银行：定期转账，在孩子买大件商品时掏腰包，在需要时为孩子提供帮助。在欧洲，超过 50% 的 35 岁以下的年轻家庭，都得到父母各种形式的资助。

托马斯·斯坦利（Thomas J. Stanley）和威廉·丹科（William D. Danko）收集了有趣的数据来说明这种表达父母好意的支持。美国富裕家庭的父母，大约有 50%，每年至少给孩子 15000 美元，这些孩子被称为“接纳者”。那些没有或很少得到金钱礼物的孩子，被称为“非接纳者”。

- “接纳者”没有学会存钱。
- 他们分不清自己的钱和父母给的钱。所以，他们认为自己有权获得父母的财产。
- “接纳者”更加依赖贷款，因此负债累累。
- “接纳者”比“非接纳者”（从父母身上很少得到资助的孩子）少投资 55%。
- 虽然获得了金钱礼物，“接纳者”明显有更多的钱可以支配，但其年收入远远低于“非接纳者”。例如，在工程师、建筑师、科学家中，“接纳者”的年收入只相当于“非接纳者”的 74%。

- “接纳者”的财产也明显少于“非接纳者”。例如，在会计师当中，“接纳者”的财产只有“非接纳者”的57%。
- 整体而言，“接纳者”的收入约比“非接纳者”少10%，“接纳者”的财产比“非接纳者”的财产少20%以上。

为你的孩子存钱

如果你不仅仅引导你的孩子存钱，还为孩子额外签订一份储蓄合同，会发生什么呢？如果你开始的时间够早，当时的一点点钱，就会累积成很大一笔财富。用这种方法，你就可以为孩子考驾照、买车、完成学业、买房提供资金。

举个例子。

如果你自孩子出生起，就签订一份每月150欧元的储蓄合同，收益结果如下：

- 当孩子20岁时：85940欧元
- 当孩子25岁时：137292欧元
- 当孩子30岁时：212746欧元

如果你不必动用这笔钱，那么，你的孩子在35岁时就会坐拥323611欧元。每个月只需150欧元，年收益率是8%。如果年收益率是10%，那么，孩子到35岁时则坐拥550000欧元。这一切并非天方夜谭，具体参见我的《财务自由之路》一书的第九章“复利的奇迹”。

然而，我还想建议你，用“你”的名字投资这部分钱，而不要用孩子的名字。原因就是，你并不知道你的“乖宝贝”会不会变成“败家子”。

明确你的价值观

在处理金钱问题时，许多父母放弃了这个机会，从未明确自己的价值观。如果父母不能确定自己的价值观，就会向孩子传递矛盾的信号。在这种情况下，孩子就会觉得你表里不一。

我们对于安全感都有需求。安全感并不仅仅指我们需要足够的食物和容身之处。相反，我们还希望确定我们的价值观。确定自己的价值观很重要，更重要的是，要清楚价值观的排列顺序。就像电话号码，交换了一个数字，意义就变了，我们的价值观也是如此。我们的价值观及按照其重要性的排列顺序，形成了我们的操作系统、我们的软件。我们的价值观决定了我们的工作方式。

例如，很多人会说，拥有金钱和诚实都是重要的价值。但是，根据它们对你的重要性，你可能会在特定情况下做出完全不同的决定。如果你在餐厅中收了多找的零钱，一言不发地把钱装进口袋——这时，金钱具有比诚实更高的价值。或者，你可以借此机会，对孩子进行一次“诚实赚钱”的教育。但前提条件是，你自己明确做出了这些决定。

如果明确自己价值观的优先顺序，就很容易做出决定。换句话说，一个人不能轻松地做出决定，那主要是因为不清楚自己的价值观。为了教育孩子成为有安全感、更能轻松做决定的人，我们必须明确定义我们的软件、我们的价值观，然后清晰地传达出来。

你可以通过以下问题来确定自己的价值观：你希望孩子如何做出决定？

- 重新设置汽车的行驶里程，汽车就能多卖 2000 欧元，没人能证明是他设置的。孩子应该这样做吗？
- 孩子应该付出一切代价取得好成绩吗？甚至为此作弊？

- 孩子应该把课间餐的面包送给无家可归的人吗？即使在他自己也没东西可吃的时候？还是说，孩子应该问一问自己，这些人为何不去工作？
- 在没有其他工作机会的情况下，孩子会在面试一份不错的假期工作时撒谎吗？
- 对于你的孩子来说，什么更重要：是工作中的满足，还是更高的薪水？
- 餐厅客满，没有空桌。有几个家庭比你们等候时间还长，但由于疏忽，服务生将下一张空出的桌子分配给了你们。你应该耐心等候，直到“轮到”自己吗？
- 你的孩子应该买品牌产品吗？例如名牌服装？
- 你是否支持孩子时不时请朋友到餐厅用餐？还是说，他应该注意各付各的账单？
- 你的孩子应该通过信用卡分期付款（孩子可以轻松付款）购买自己的第一辆汽车吗？
- 假设孩子找不到自己喜欢的工作，那么，他应该接受一份并不是很喜欢，但薪水丰厚的工作吗？还是说，孩子应该继续找其他的工作？

也许以上某些问题会引起你的深思，也许你必须好好考虑某些价值观，否则，你无法在金钱方面（以及生活其他方面）对孩子进行连贯一致的教育。

下面，我来解决一些关于零花钱及孩子如何使用金钱的常见问题。

减少零花钱不是好的惩罚措施

承诺的事情就应该做到。如果通过减少零花钱来惩罚你的孩子，你就食言了。零花钱不应该和做家务、关爱、认可、惩罚或奖励有什么联系。

如果你减少了孩子的零花钱，孩子就可能得出结论：对于没有履行的职责，只要用钱就能“打发过去”。孩子并不会通过这种方式学习到你想教给他的态度——家庭中的每个人都要承担自己的责任。

举个例子。小女孩儿本应打扫自己的房间，但她拖延了一次又一次，母亲警告她，如果再不改进，就减少她的零花钱。第二天，她的房间比之前还要糟糕。母亲十分生气。小女孩儿回答：“我真的不在乎钱，为什么还要为了钱做这件事情？”

再说最后一个理由。请你想象一下，每次你做错事情或者忘记某件事情，你的老板都会扣你的工资吗？

此外，我还想建议你不要把金钱当作奖励（我们时不时都会这么做，但你要注意不能经常这样做）。你当然不希望培养出孩子斤斤计较的性格。

最重要的是，不要让金钱与爱联系在一起。永远不要说这样的话：“我爱你，所以我给你更多的零花钱。”否则，孩子可能会认为金钱也可以买到爱和友谊。

孩子零花钱不够，怎么办

高度发达的政府会有支出过多的通病。因此，如果你的孩子拿到零花钱没几天就花光了，你无须感到震惊。

詹姆斯·巴里（James Barrie）说过：“上帝给了我们记忆的能力，就是让我们能比儿时更好地处理金钱。”我们不应该指望孩子对金钱问题能够有多理性。

但是，在特殊的情况下，你可以破例给予孩子帮助。当你帮助孩子时，你就是在发出这样的信号：首先，你一直都会给他帮助；其次，谨慎而明智地处理金钱并不是那么重要。

尽量不要给孩子预支零花钱，否则他将来极可能会加入“信贷购物”的行列。

和孩子谈谈如何分配金钱，一起想一想在哪里存下一些钱。

同时，向你的孩子展示金钱的价值。轻轻地把纸钞抚平。纸钞要整齐摆放，总是将人像的一面朝上，而且朝着同一个方向。

当孩子乞求和哭闹时

如果你没有给孩子买他想要的东西，孩子就在你面前乞求、哭闹或生气地绷着脸。好好商量无济于事，再次拒绝也不能让情况好转。你反反复复，苦口婆心，才能让孩子听进去，所以你应该断然拒绝他。

如果孩子继续向你乞求，那么，你就直接说：“听到我刚才说的话了吗？好了，这个话题结束了。”

如果你投降并让步了，那么，孩子就会知道你早晚会让步。

有些女性倾向于向孩子的父亲求助。孩子从中就会看出，母亲不能做决定，因此遇到重要问题，就不再找母亲讨论。

做家务要支付报酬吗

孩子应该承担家庭的日常劳动，不需要向他们支付报酬。但是，如果我们能给孩子机会承担一些孩子感兴趣的工作，也是不错的。如果有些工作剩下了，大家都不愿意做，可以分配给全部家庭成员。

此外，如果你可以将某些家务交给孩子，并且适当支付报酬，这也是大有益处的。你付给孩子的报酬，应该与你请人的报酬完全相同。

这样做可以发展孩子的独立性，同时增强孩子对自己能力的自信。请你不要按照时间支付孩子报酬，而是按照工作内容，因为孩子的工作效率不同。

在本章的结尾，我还想说一点：请向你的孩子展示金钱可以让人快乐。你要向他解释，只有当我们送出自己的一部分钱时——就是捐赠——我们才能真正体会到金钱带来的快乐。

如果把一部分钱存起来，我们不仅会感到幸福，还可以享受金钱的乐趣。给孩子解释隐藏在背后的意义。这对 10 岁以上的孩子来说，十分有意义。从这个年龄开始，他们逐渐对社会问题感兴趣，这也是你能培养他们的财富观念的时候。这样就能让孩子会花钱，但不至于过度消费。

第八章

离婚使人痛苦

纵观那些成功的企业，总是有某个人做了个大胆的决定。

——彼得·德鲁克（Peter Drucker）

你是否梦想过自己身穿白色婚纱的婚礼，梦想夫妻二人像公主和王子一样一直幸福?

无论现在的女性多么独立自主，从还是小女孩儿时起，对于白马王子带我们回到他的城堡的想象，就因为“灰姑娘”和“睡美人”的故事，在我们的脑海里根深蒂固了。

如果你现在觉得这些与你不相干，那么，你要么是有过糟糕的经历，要么就是读过一些统计数据。因为现实情况并不振奋人心。梦到身穿白色婚纱的婚礼之后，往往是午夜的惊醒。现在，差不多1/3的婚姻以离婚收场。在美国，甚至有一半的婚姻破裂。

夫妻离婚，并不是因为七年之痒。大部分夫妻在婚后第三年至第四年提出分手——那时候爱情已经烟消云散，生活已步入平淡期。如果一个人不是爱到极致，他很难对伴侣的怪癖和坏毛病视而不见。随着第一个孩子的出生，这段关系又被拉到了一场严酷的考验之中。

更有甚者，一些妻子会因遭受家庭暴力而希望离婚。在一些人看来，这与之前女性甚至没有权利要求离婚的时代相比，已经是一种进步。

现在就大不一样了，“离婚”这一话题在社会上得到了广泛探讨，共同生活的约定，能坚持到哪天，就坚持到哪天。人们看到社会上一些“过得不错的”离异女性时，会觉得离婚不再是一种瑕疵。

并不是每段婚姻破裂都能以和平收场。对于个体来说，环境不同，个人反应也不尽相同。在大城市默默无闻生活的人，离婚后，会比在关注个人隐私的乡下生活的人要容易些。

无论你在哪里生活，无论你们曾经在一起多久——在很多情况下，都会与前任为了财产而引发争吵。遗憾的是，如果有孩子，这些争吵通常是以孩子作为代价。

你离婚时就打破了自己的誓言，但你还是应该遵守自己的诺言：“……就像在糟糕的日子里……”如果你这么做只是为了自己。你的行动、想法和感受，决定了你自己的未来之路。你现在的做法会在离婚之痛散去后，影响你很久。也许你感觉得到的比付出的少，但是你会看到，孩子承受怎样的痛苦。也许你离开了朋友们，离开了习惯的生活环境，一想到这些，很容易愤怒，尽管如此，你做的一切还是会对未来产生影响。

从这种不平衡的角度重建生活，需要很大的勇气。因此，从尽可能高的点，重新开始——为了你自己。

我们不想评论谁是离婚的罪魁祸首和受害者。当然，没有一个负责任的人会轻易地破坏家庭。对于孩子来说，是带着对未来的恐惧结束关系，还是生活在破碎的关系中，这是一个艰难的决定。

你首先需要思考的就是能够忍受多少。另外还有一些要点，你应该更早地注意到，也就是在刚刚结婚的时候。

也许你觉得刚刚步入婚姻殿堂就考虑离婚问题，没什么意义。如果一个人可以尽享幸福生活，当然比讨论离婚协议要好，这没什么好怀疑的。

但是，你问问自己：到底为什么想结婚呢？

你们希望共同创造一些东西，建立一栋房子，开一家商店；你们想带孩子们在世上走一遭；你们想共同享受美好的生活，去旅游，去品尝美食，安逸地生活……

如你所见，所有的愿望都和金钱有关。你们必须赚钱，然后投资，就像一家普通的企业一样。

我们可以把婚姻看成夫妻共同的企业。经营的目标就是你的生活、子女的教育、建立自己的“窝”。

如果接受了这种挑战，你就应该像一位女商人一样行事，并且规范管理最重要的事情。当你和伴侣共同用美好的色彩描绘未来的时候，也应该谈谈如何为梦想筹资。谁贡献哪一部分？如何进行合作？

如果你真的爱对方，那么，这些事情最好事先商量好。

你要记住，此时此刻，你不仅仅决定着你们共同的未来，也是决定你和孩子们的未来。所以，出发点永远是维持你们的婚姻关系。

如果认真接受了我们关于财务独立的思考，你就可能会更加明了。你和你的伴侣拥有平等的权利。你充满自信，坚强而独立。不彼此尊重，就不可能存在真爱。依赖对方，就破坏了尊重，也破坏了爱情。因此，双方的财务独立增加了维持婚姻的机会。通过保持财务独立，你将有更好的机会，经营自己的婚姻。

你怎样才能实现这种状态？下面进行解释。

请记住，我并不是法律专家。我只能给你非常笼统的信息。在与你的律师交谈时，你应该阐述清楚，这是否会对你的个人生活产生影响。

十分重要的一点：在践行下面的思考之前，请先向一位优秀的律师进行咨询。

分享餐桌与床，也分享信息

在投资事宜上，男性通常是金钱的掌管者和决策者。"金钱"的事情，通常被看成一个秘密。

你知道你丈夫赚多少钱吗——精确到十位数？你知道他所有的账户吗？你能否准确说出他为退休生活所做的投资？

所有的问题，你能都回答"是"吗？欢迎你找到同类。调查结果显示，几乎 1/3 的妻子对丈夫的收入毫不知情。

现在你可以想象，万一两人离婚，对你的丈夫来说，继续隐瞒财务状况有多容易。因此，我建议你从一开始就表明自己的态度。你要让你的丈夫把他的财务状况告诉你，你们要坦率地讨论"金钱"，你要努力地让自己了解一切。

因此，你自己能仔细地思考"金钱"问题，当然也十分重要。许多女性听到保险费用上涨，或者把圣诞节津贴用于投资，就翻白眼，所以也难怪下次做决定的时候，男性就自作主张了。**但是，如果你可以就感兴趣的新投资机会或更低的保险费率，提出自己的想法，你的丈夫很快就会将你视为投资理财事宜的知己。**因为敏感的信息，当然只在"家里"谈。

如果你的努力没有成功，你的丈夫也没有把财务方面的信息告诉你，你试一试这样劝说他："知道吗？每年都有几百万元'冻'在银行里，原因在于压根儿没人知道这些钱的存在。账户的所有人去世了，继承人并不知道这些账户的钱的存在。"

为了避免丈夫的钱不一定什么时候就流失了，你应该知道所有的存款和账户，或者你可以让你的丈夫对这本书感兴趣。

很多时候，你可以自己了解财务的最新情况，而不用研究你丈夫的消费信息。来自柏林的艾尔卡·海德（Elke Heide）是一名女律师，同时也是离婚咨询方面的专家。她为所有需要纳税的女性及其丈夫建议道：“在签署联合纳税申报单之前，请先阅读联合纳税的申报单，并复印备份。这样做与缺乏信任无关，这是你的正当权利。在紧急情况下，你可以用手头的文件资料，了解你和伴侣的财产状况。”

此外，和你的丈夫商定一天作为“金钱日”，请他定期提供家庭财务信息。

也许你已经自己收集了一些信息。有没有哪家银行给出更好的条件来用作工资卡开户银行？有没有找到一家旅行社，可以让你在最后一刻捡到便宜，使夏日度假便宜了 25%？

请把钱的事看成家里的大事。你和伴侣并不仅仅分享餐桌和床，也要一起分享你们的未来，金钱也属于你们的未来。你可以为两人的财务自由而努力——但是你也不要忘记自己的独立性，两者是相辅相成的——从中也可以促进你们伴侣关系的发展。这种共同点，可以为你们的伴侣关系建立极大的信任，而财务独立则为你构建了平等的婚姻关系。

先照顾好自己

如果你和丈夫都有收入，你们应该找到公平分摊生活费用和养老金费用的方法。比如，你的丈夫收入比你高出 30%，家庭的开支他也应该多支付 30%。你不要把所有的钱都投入家庭的开支。你要存下一部分钱，当成自己的财产。

作为家庭主妇，为了让丈夫开拓事业，你让他远离家务。你抚育孩子，照顾家庭，就像你的丈夫对待公司事务一样。因此，他应该在家庭开支之外，再支付你大约 10% 的费用。用这笔钱，你可以为自己建立财务后盾。

一定要给自己提前储蓄。如果你有孩子，可以给他们购买人寿意外保险。

应该至少有一个储蓄计划以你的名字进行。尽管你能存下来的钱很少，也要为自己建立财务隐私。你想一想，如果要维持几个月的生活，你需要多少钱。你应该将这些钱存在你自己的账户里，或者放在银行的保险箱中，而不是藏在书里或者衣柜里。

如果你掌握了自己的财务状况，那么，在离婚的时候，你就不会从噩梦中醒来。因为你从一开始就拥有平等的关系，也许根本就不会走到离婚那一步呢！

能量贴士

根据以下几点审视你的伴侣关系。你先自己单独看，然后和你的伴侣一起看。

- 浪漫的时候，你不要忘记，婚姻就像一家需要妥善管理、共同经营的企业。
- 想一想，你对于婚姻有什么计划和愿望。如果你已经结婚，你希望通过婚姻实现什么目标？
- 想一想，你希望依照哪一种婚姻财产制度生活。
- 在共同生活中，要坦率地面金钱，你应该要求了解你们共同的财务状况。
- 你要亲自收集信息，复印你签字的纳税申报单。
- 在婚姻协议中确定离婚的处理方式。
- 确保自己在婚姻中保持财务独立。

第九章

财产继承

现在，是时候开始像想象中的那样去生活了。

——亨利・詹姆斯（Henry James）

生活在悲痛中

如果我们继承了财产，就意味着有人过世。失去亲人可能是我们生活中最悲伤的事。人们需要时间来消化痛苦，生命出现了一段可怕的空白，一种空洞的感觉在心里蔓延。在痛苦面前，其余所有的事情似乎都无关紧要，惊不起内心的一丝波澜。

因此，许多人根本不会在这个时候操心那些“阿堵物”或者“尘世间”的其他琐事。

往往会出现绝望的情况，但这些本来是可以避免的。

你能想象，除了悲伤，还要面对未来的不确定以及恐惧，将有多么可怕吗？失去亲人的人，还处于震惊的状态，如何对让自己完全不知所措的问题做出决定？

挚爱的人去世是一场灾难。但不管怎么说，这同时也是一个新的开始，人生开始了新的篇章，因此重要的是要明智地制订计划。原因在于，在这种情况下，我们开启的第一步，做出的第一个决定，可能会对余生产生影响。早在灾难来临之前制定路线是一件好事，真正做好这一点也意味着对生活负责，而真正有爱的人会承担责任，因为他们真的在乎他人的幸福。

我们要以负责的态度对待我们所爱的人。如果我们去世，就不应再给他们加重烦恼。这些烦恼，当然包括财务事宜。因为这是人们逝去时要处理的最后一件事，也是必不可少的一件事。因为对于在世的人来说，正常的生活仍在继续。你要想到，也必须要完成自己的事情，这也包括一系列手续。

如果早在最坏的情况发生之前就做出了决定，那将是一件好事。

你应该尝试在与伴侣共同生活期间，坦诚地谈论“死亡”的话题。你们要谈清楚一些重要的问题，这样，在痛苦和悲伤的时候，你不必因这些问题受到别人的折磨。

写下最重要的内容，然后保存在一个安全的地方：

- 我 / 我的伴侣希望安葬在哪里？
- 我 / 我的伴侣要土葬，还是要火化？
- 需要马上通知哪些人（亲属、朋友、教堂方面及其他）？
- 有哪些未尽事宜？由谁去办？
- 谁能在丧亲者没有能力处理一些重要事宜的时候，马上出面帮忙？
- 财产怎么办？
- 如何确保在起初的几个月一切顺利进行？

最初的几步

在最初的几天里，你的悲痛只有自己承受，没有人能帮你。如果你试过安慰一个悲伤的人，你就会明白我的意思。

但是，当你觉得自己再也无法忍受痛苦的时候，有朋友在身边，会给予你支持的力量。但同样重要的是，还有许多和逝世相关的事情要打理，超出了我们的能力。生活常常不会留出时间让我们悲伤。

在这种情况下，很多人认为一切无法继续。自己的生活似乎毫无意义，充斥着空虚。你处于震惊的状态，没有了清晰的想法，特别是当死亡是突然发生的，我们毫无准备时，比如由于车祸或者突发重疾带来的死亡。

然而，在这一阶段，很多人还是在期待我们做出与金钱有关的决定，而且都是重要的决定。比如，安葬费花多少钱，持续产生的费用怎么支付，接下来的几天或者几周你还有多少钱。还有当前的账单也要支付。

你无法想象有多少丧亲者突然陷入财务困境。

弗朗西斯卡今年32岁，与丈夫塞巴斯蒂安和两个孩子生活在乡下。半年前，这对年轻的夫妇购置了一套小房子。为此，塞巴斯蒂安购买了一份人寿保险。

4年前，弗朗西斯卡为了全身心投入两个孩子的教育，放弃了工作。

塞巴斯蒂安在城里工作。一天，他在路上遭遇了不幸，身亡。

人寿保险不会马上进行理赔，而是要进行漫长的调查，调查塞巴斯蒂安是否系自杀身亡。如果他是自杀，保险公司是不会进行理赔的。在此期间，弗朗西斯卡不知道还房贷的钱从哪里来。起初的几个月，她的父母支持她，和孩子们一起帮助她。半年后，她才拿到人寿保险的理赔。

永远不要觉得这些事情不会突然发生在你身上。我们常常因避讳而不谈“死亡”的话题。但是，这是我们的生活的一部分。你和你的伴侣要在共同生活期间，讨论这个问题，提前让自己有保障。

你要知道，这不仅仅与你有关，也关系到丧亲者。许多丧亲者，不知道家里有哪些银行账户、保险单放在哪里，等等。

你要把重要的事情一项一项地写下来。如果不想和你的伴侣讨论详细的信息，就把这几张纸收好，放在你的伴侣在紧急情况下能找到的某个地方。

当死亡让你们分离……

痛失伴侣，一个人要花很长时间才能重新开始生活。生活中的一切都变了。经历了多年的婚姻或者共同生活，你突然面临着新的起点。这是一个全新的开始，从此，你要打理所有的事情，包括购物、各种开销，还有对你的财产进行投资。

许多女性的寿命都超过男性。尽管从统计数据上无法解释，但是，女性寿命通常比男性多出 7 年。

尽管一开始你会感到不知所措，但是，你也要收起悲伤。无论什么时候开始研究财务的事情，都不晚。但是，你现在就要开始，马上开始！

很遗憾，现实没有给你太多的时间处理悲伤，短短几天之后，你就要自己做决定了——是的，只有你自己。

当然，没有理由反对你寻求朋友的帮助。相反，如果身边有人能够理解你的悲伤，同时能够保持冷静的头脑来处理重要的事情，那再好不过了。你要及时发现身边有没有人能帮忙。

一个人的毕生事业

如果你的伴侣过世了，那么之后的几天，你就会面临这个问题，那就是如何处理他的遗产。这件事可容不得草率处理。

这毕竟是他的毕生事业，这里有各种应对的可能性。

你是接受遗产还是拒绝遗产，取决于专业人士应该向你阐明的许多因素。在你仍然悲伤的日子，尽可能请一位律师吧。律师可以为你处理一些事宜，使你避免一些错误。

遗嘱

只有 1/3 的德国人会立遗嘱。一些人干脆忘记了，或者避讳谈及“死亡”的问题。

一份遗嘱，可以让人们按照自己喜欢的方式分配自己的财富。人们可以选择给对他有意义的人留下一部分财富，即使他们不具有继承权。你可以将珠宝送给你喜爱的侄女，或者将你全部的财富送给你的好朋友。

立遗嘱的前提是，首先考虑你如果不在世了，会发生什么。这不是什么好的想法，但你可以通过立遗嘱，清楚传达出你的意愿，帮助那些生活在痛苦中的丧亲者，同时确保一切符合你的利益。因为在遗嘱中，你可以确定谁能得到什么，还说明自己如何设想人生的最后一段路。

这样你就可以确保一切

仅仅写下遗嘱并不能保证一切如你所愿。因为很多人找不到遗嘱在哪里，或者有亲人认为自己不会从中继承到任何东西而把遗嘱销毁。

如果希望确保把自己的愿望传递给后代，你就应该考虑一下将遗嘱保存在某个安全的地方。如果你藏得太好了，以至于没有人能找到，或者不能鉴定为最后的遗嘱，那么遗嘱就没有用了。如果担心有人销毁你的遗嘱，你无论如何要把遗嘱存放在地方法院。这要花一点钱，但可以确保你最后的愿望得到满足。

遗产的负担

如果已经阅读了前几页，你可以想象得到，“遗产”这个主题有多少细节需要注意。

然而，还有重要的一点很少被谈及，的确，这是一个禁忌话题，那就是遗产带来的负担。你继承得越多，负担就越大。也许你现在就想知道：“一个人继承了一大笔钱，为什么还会有问题呢？”

但事实是，一个人继承得越多，问题就越大。

当继承人（特别是女性）意识到自己突然拥有了许多财富时，常常会感到不知所措。那些实际上很少或者几乎从未管理过钱和投资理财的人，确实会感到恐惧。这不仅是买一辆新车或者买一座房子的问题，也是对另一个人毕生事业的责任。

一代人推动了我们国家的建设，积累了财富。这些钱在未来 8 年估计会达到 3.1 万亿欧元，将流向开拓者的子女。

继承人当中有很多是女性，而且大多数人还没有做好准备。当她们描述自己与继承遗产联系起来的感受时，好像这是一件可耻的事情，不该有人知道自己继承了遗产。有些女性担心被视为行走的美元符号，而不是一个人；担心朋友们之所以友善，是因为他们有所企图……就这样，继承遗产成为一种沉重的负担。

很多男性将金钱视为实现自我的一种手段，而很多女性仍然通过妥善处理少量金钱来定义自己。因此，继承遗产可能意味着自我形象的丧失：需要接受另外一个身份。失去身份意味着很大的不确定性。这种不确定性，随着处理大额财产而增加。

这也就是再次由继承人身边的男性（兄弟或者配偶）担任财务顾问的原因。其实，女性本可以做得更好。女性只需身体力行去处理金钱。

清新的风气

慢慢地，一些事情有了变化。原因也许在于现在的女性继承人越来越多。

美国相比之下起步早一些。早在 20 世纪 80 年代，那里的女性继承人便联合起来，用自信和负责的态度处理自己的钱。她们建立了基金会，用继承来的资产支持她们认为重要的项目。

无论是在第三世界提供女性援助，还是在竞选活动中提供支持——无论如何，女性继承人清楚地知道，她们的钱投到了哪里，投资后发生了什么。

在欧洲，也有很多人在建立这样的网络。在德国也有。她们没有向公众过多地宣传，集会也是私下进行的。这些女性并不想与投资顾问或求婚者闲聊，她们更想讨论内心深处的问题。当然了，女性继承人希望了解如何更好地利用其财产。组织的发起者指出，这并不总是为了收益最大化，更多的是为了社会福利或者与环保相关的项目。

志同道合的人脉网络，无疑是开启女性继承人自信生活的良好开端。

但是，请你始终保持警惕。你要对所有为你提出的报价进行比较，你还要审视项目的可行性。在这些投资领域中，“绿色”“环保”和“良心产品”的亮丽外表下，常常掩盖着毫无用处的投资计划或廉价的生意。

“我比他有钱，怎么办……”

即使你学会了自信地做出金钱方面的决定，也并不意味着所有问题都可以迎刃而解。因为女性继承人会突然发现，她们无法轻松地控制一切。

突如其来的财富通常会导致伴侣关系出现问题。比如，你的资产突然超过了你的伴侣。你变得更独立，可以做一些梦寐以求的事情。实际上，一切本应该变得更好，但是情况恰恰相反。

结果就是双方都充满不安全感。即使很长一段时间以来，女性都在工作，家庭收入的一部分也来自女性，但是，在很多伴侣关系中，男性要么独自工作赚钱，要么在两人都工作的情况下比女性赚得多。

但是，金钱仍然被许多男性当作权力手段，金钱能给人一种力量感。反之亦然，没有钱的人就要依赖别人。这种依赖感被女性继承遗产“摧毁”了。这让很多男性措手不及，一个成熟的人不能忍受别人依赖自己，也不能容忍自己依赖别人。

这样看来，女性实现财务独立就十分重要了。

作为女性继承人，她们没做什么就实现了财务独立。这个事实通常会导致内疚的感觉。为了向伴侣表明自己没有改变，富有的女性继承人采取一种谦逊的态度，表现得好像她们自己不能做出任何决定，只为了给伴侣营造一种她仍然需要他的感觉。

在独立的伴侣关系中，你应该打破这种恶性循环。无论两人谁拥有的财产比较多，无论是自己赚来的，还是接受继承得来的，你们都应该坦率地讨论“金钱”的事。你要向他表现出，他有许多地方值得你爱，这些内在的价值与金钱毫无关系。

而对于你来说，摆脱一个人爱你只是因为你有钱这样的恐惧，同样重要。

你要明白，遗产只是一件礼物，应该用于创造你的未来。那些在其生命中为你打造财务独立基础的人，只是希望你在未来的生活一切顺遂。

相反，你要把继承遗产当成内在成长的一次机会。你有独一无二的机会，完全自由地决定如何设计自己的生活。

别忘了，请你的伴侣参与到这样一个过程中来。

能量贴士

- 要认真负责地对“死亡”的话题进行讨论。同你的伴侣坦率地谈论你逝去时的愿望。
- 如果你深爱的人过世了，请接受一位朋友的帮助，他可以处理手续方面的一些事情。
- 权衡一下你是否希望接受遗产。接受律师的建议。
- 写下一份遗嘱，以便可以确保自己的意愿受到重视。
- 把遗嘱保存在一个安全的地方，最好放在地方法院。
- 以女性继承人的身份继承你有权得到的遗产，请为等待你的新任务感到自豪。
- 与其他女性继承人保持联系。
- 与你的伴侣谈论你的遗产，从一开始就不要让彼此之间出现障碍。

第四部分

结束与开始

没有想象力的人就像一只没有翅膀的鸟。

——穆罕默德·阿里（Muhammed Ali）

第十章

这不是童话

只要你想要得到，这一切就不是童话。

——西奥多·赫茨尔（Theodor Herzl）

我们已经在一起走了很长一段路。

我们研究了财务独立的两个关键组成部分：我们对待金钱的态度和处理金钱的实践。

仅凭观念，不足以让我们学到如何真正地赚钱，如何赚得更多，不会知道哪种投资方式最适合我们、风险在哪里，以及我们可以从哪里存下钱，如何存钱，应该给孩子多少零花钱，如何处理负债。

同样，仅凭技巧，也并不能向我们揭示金钱法则。带着消极的态度，我们永远不能神奇地吸引金钱，永远不会变得富有、幸福。

我们的态度、情感和想法，我们的价值观、言语、行为，我们的目标、愿景，以及每天使用的技巧和习惯，这一切要像一首协奏曲一样和谐统一，这一切组合起来，才能帮助我们获得幸福。

你的时机到来了

你是否听过这句话——“没有什么能够阻挡已经到来的时机”？

一方面，我坚信，现在——至少对于工业化国家的女性来说——是时候认识到真正的富有是我们与生俱来的权利了。现在，是行使这项与生俱来的权利的时候了。与生俱来，意味着什么？我坚信，有尊严、有财务独立地去生活，是我们的自然状态和我们的命运。我们要做的就是稍微改变一下路线，更多地关注我们的个人财务。

另一方面，这句话也和你的生活息息相关。我相信，现在是你实现财务独立的时候了。一定有什么原因使你正在阅读此书。我相信，如果你想要，任何事情都无法阻挡你。为什么？因为你的时机到来了，**就是现在**。

你认为这不可能？好吧，宏伟的梦想几乎总是如此，一开始我们认为绝对不可能。随着时间的流逝，我们意识到这并非不可能，而是不太可能。我们目前所处的状况、我们的环境、我们的经验，这一切似乎与这个梦想相矛盾。最终，我们意识到，实际上这一切会水到渠成。

你即将面对什么

我并不是说一切总是那么容易。你不太可能直线到达财务独立。相反，在这个过程中，你也许会经历沮丧、怀疑和挫折。这些困难可能会在非常不好的时机出现，让人措手不及。有些时候，困难来自你从未预料到的地方，是无妄之灾。但是，这恰恰是存在困难的原因：总是始料未及，总是伤人要害。这都很正常，这就是人生。

不要把挫折看成贯穿一生、挥之不去的魔咒。每个人都会反复地经历挫折，但是有些人对待挫折的方式与大多数人不同。他们对困难有不同的解释，他们把挫折看成生命大厦中固有的门和窗。这些东西可以让我们更加接近我们的目标，带领我们实现财务独立。他们从来不把灾难看成事情的终结，而是将它视为重新开始的机会。他们能在每一个痛苦背后找到一个金矿。

在无法确切解释的情况下，我知道，只有跨越路上这些挫折，我们才能过上我们想要的生活。我们需要这些“艰难时刻”为我们准备的礼物。

有时候，你会觉得自己停滞不前，毫无进步。你的财富没有增长，时光似乎白白流逝。请你不要感到沮丧，每一位成功的女性都要反复经历这种情况。这样的时期同样十分重要。在楼梯上一级一级地走着，我们间或就会到达一个平台。即便没有可衡量的外在的成功，我们的内在也有所发展。这样，我们就会变得更加成熟，为下一个挑战做好了准备。实际上，这些停滞的时期和内在成长的时期，对我们来说，非常重要。维拉·伯肯比尔（Vera F. Birkenbihl）女士说过：“我们必须学会热爱自己的平台期。”

世界上最古老的故事

你听说过世界上最古老的故事吗？你肯定听过这个故事的不同版本，甚至可以说，这是世界上最常被讲述的一个故事。这是一个英雄的故事，但是主人公并不知道自己是英雄。他开始着手完成某个任务——寻找宝藏，救出公主，拯救国家……途中，他要面对很多挑战，危险重重。终于，他迎来了“最后”一个巨大的挑战。这个“英雄”再也看不到机会了，他想放弃，想返回。没有人会抱怨他，每个人都理解他。

但是出于某种原因，他坚持了下来。然后情况开始变得对他有利，这是他从未料到的。最终，他成功了，其他人都称他为英雄。我认为，他也配得上“英雄”之名。因为，勇气并不意味着不害怕，而是尽管害怕，仍然继续前进。

这是你的故事

这个故事之所以吸引人，是因为我们可以在不同层面经历它。这是一个单纯的冒险故事，但也是在描写我们实现财务独立之路的故事，或者说是我们精神转变的故事。换句话说，这是一个关于我们的生活的故事。我相信，这就是这个故事频繁被讲述的原因。我们在故事中看到了自己。你和我这样的人，所有的普通人，着手开始实现自己的目标，为了积累财富，为了完成某项任务。

在这样一个平平常常的故事中，一个普通人做了一些不寻常的事情，成为一名英雄。成为圣女贞德，成为兰兹洛特（Lanzelot），成为埃拉·威廉姆斯，成为阿尔贝特·施韦泽（Albert Schweitzer）——乃至一个名字可能不为大众所知，但让这个世界变得更好的人。那些让别人的生活更美好的人，都是英雄。如何做到这些？与遥遥领先于我们、启发我们的人和真理产生联系。我们站在真理和英雄的肩膀上，突然间就有了不同的视角。我们更有远见，懂得更多。我们有了不同的愿景和目标，有了新的野心和动力，有了崭新的梦想和任务，找到了新的乐趣和生活的热情。

我们不要忘记，英雄不是天生的。英雄像普通人一样出发。通常，他们只想掌控自己的生活，多一些幸福，多一些财富。也许他们也希望与别人分享自己的幸福。是的，我们在某个时候都有过这样的梦想。唯一的问题是：这些梦想后来怎么样了？我们为梦想做了什么？大多数人在孩童时期就埋葬了自己的梦想，然后他们越来越“现实”：“这些只是幻想和故事，我知道，因为我尝试过了，没有成功。”

你是否意识到自己在想或者在说：“我尽力了。但还没有成功。”记住：故事中的每一个人，无论男女，都经历过这样的时刻。

战胜巨龙

翻看旧的航海地图，你会发现在不同的地方都绘制有巨龙的图案。水手用龙来标记他们未知和害怕的地方。这些地方，大家避之不及，无人想涉足。

我们在生活中也标记了这样的地方。我们在想避开的地方和区域画上了龙。但是，很多时候，这恰恰是我们要取得成功必经的道路。恰好在我们标记有巨龙的地方，潜藏着巨大的机会。在这里，有一片新大陆等待开发。在这里，我们能够找到一些真正开拓人生的东西。我们的目的地也通常在这里，这是我们生活幸福的道路。

请扪心自问：你的巨龙在哪里？很多人在“金钱与个人财务”这一领域上描绘了一条巨龙。太多的人一直保持清醒，不停地在旅行，长途跋涉，前往他们的目的地。但是，他们避开了巨龙。

但是，上述故事中的主人公是在寻找巨龙。因为这是成长的好机会。这是实现财务成功和人生成功的关键所在。

结束与开始

现在，我们来到了本书的结尾，但是，你的未来已经开始。现在，你的未来真的开始了。如果仔细阅读了本书，你会发现一些奇怪的事：与阅读本书之前相比，现在你对金钱和个人财务的疑问更多了。人们经常遇到这种情况，在听了一场优秀的演讲，阅读了一本精彩的书，观看了一部有深意的电影，或者进行了一场有益的对话之后，遇到的问题比之前更多了。就是这么奇怪。人们正在寻找答案，也收获了更多。

你现在的问题比以前更多了，但是，关键在于，你的这些问题都提升到了更高的一个水平。

我不知道本书对你来说，算不算一本好书。阿里斯托芬（Aristophanes）说过："教育不是灌满一桶水，而是点燃一把火。"如果本书能够启发你积极地去追求财务独立，我的使命就算完成了。

但是，正如我所说，现在你才刚刚开始，你对此并非无动于衷。你现在动力十足，要去寻找答案，采取行动。但是，请记住，这种动力是会消失的，你要在 72 小时之内开启第一步。

在生活中，"知道该做什么事情"和"做我们知道的事情"有着天壤之别。当然，你可以选择什么都不做，只是等待，但是，你又在等待什么呢？孩童一样的观望态度对我们来说，毫无益处。这种行为让我们想到了一个 3 岁的孩子，天真可爱，遮住眼睛，以为别人看不到自己。正如隐身是一种幻觉，陷入被动是一种投降。

塞涅卡（Seneca）说过："我们不开始行动，不是因为困难，而是因为我们不开始，事情才如此困难。"

请你现在就开始吧！你在财务领域还没有达到炉火纯青的地步，但是这种状态，永远不能实现，没有人能实现。所以请你马上开始！记住："宁可带着错误开始，也不要因寻求完美而犹豫。"

你现在最好把书翻到结尾的行动列表，确定你首先要执行的实践。当然，这些要在 72 小时之内完成。如果你没有在行动列表上标注任何内容，那么我想提出以下建议。请你再次翻阅全书，但是仅仅从这样的角度出发：我现在要做什么？然后写下你能想到的一切，也许是些与本书无关的事情，也许是你拖延了好久的事情。请你记录下所有的内容。然后，你要确定一下从哪里开始。

你最重要的帮助

你如何保持动力？你如何确保自己将美好的意愿付诸实践？你想从哪里获得力量？

答案非常简单：你需要一种魔法药水。

就像阿斯泰利克斯（Asterix）和奥比里克斯（Obelix）①，他们为什么如此强大？因为他们拥有魔法药水。这种魔法药水，就是我们的环境。环境决定了我们是坚持，还是放弃。奥比里克斯很幸运，他小时候掉进过装有魔法药水的大缸，不用喝魔法药水就拥有无穷的力量。而阿斯泰利克斯就没这么幸运了。他必须在每次战斗前，重新喝下魔法药水。

无论是阿斯泰利克斯，还是奥比里克斯，结果都是一样的。任何时候调制魔法药水都不晚。无论何时，你都可以开始改变周围的环境，使环境为你所用，对你有益。

没有什么比帮助别人更能帮助自己的了。你可以通过帮助周围的人，来实现自己的财务独立，没有比这更好的方法。如果在你生活的环境中，男性和女性进行投资，积累财富都是再"普通"不过的事情，那么这比其他任何事物更能持续地塑造你、激励你。总是要有人开始，就请你成为这样一个人。承担起责任，让金钱成为你周围许多人生活中的支持力量。

你也可以这样做，和你的朋友畅谈金钱、投资与财务。告诉她们本书中

---

① 阿斯泰利克斯（Asterix）和奥比里克斯（Obelix）是法国知名连环漫画《阿斯泰利克斯历险记》（又译《高卢英雄传》）中的主人公。《阿斯泰利克斯历险记》由勒内·戈西尼（编剧）和阿尔伯特·乌德佐（Albert Uderzo，漫画家，1977 年戈西尼逝世后兼编剧）共同创作，讲述了公元前 50 年，高卢地区全境被罗马占领，那里居住着顽强的高卢人，依靠药水、智慧和勇气，挫败恺撒的阴谋，保卫村庄的故事。（译者注）

的信息：真正的财富是你与生俱来的权利，女性有钱真好。让你的朋友留意讲座、研讨班、专业论文和专业文章。送给她一些这方面的有声书和书籍。一定要询问反馈。

宣布要讨论的内容。你有一些想法，想与你的朋友或你的伴侣一起实施。不仅是女性，还有男性。请你一定从自己最好的朋友和伴侣开始。确保你自己实现财务独立的愿望，被视为完全正常的事情。

你被提醒，你被支持，是的，你被期待。这样，你就可以一直喝上“魔法药水”。

给你的最后一条个人信息

请你不要轻待“金钱”这一话题。舍弃金钱的人，就舍弃了自己可能成为的人。如果否认自己可以拥有得更多，你就会成为今天的牺牲者——代价就是你的未来。

追求我们梦想的东西需要勇气。但是今天，金钱对每个人都变得可能了。今天，每一位女性都可以变得富有。但是，仍有很多人因为“还没有”掌握“金钱”这一主题，而埋葬了生活的愿景。她们感觉自己没有资格去做真正伟大的事情。人生是一场旅程。如果你敞开心扉，给自己无限可能，你将会到达从未想过的地方。在所有的一切中，金钱主要有两种意义：支持的力量和衡量成功的标准。

想象一下，你的房子里正在举办一场拍卖会。做准备，你要给所有的物品挂上价格标签。厨房还值多少钱——你的客厅家具——你的床、窗帘、古董梳妆台、镜子、餐具，以及画作……这些东西今天还会带来多少回报？以及，对你来说有多重要？

然后，你再想一想那些无法用金钱衡量其价值的事物。想一想你老祖母那只有部分可用的全套餐具、一些照片、你的日记、一封情书、一本书、一首诗、一个镇纸、一件旧首饰、一双童鞋、你的孩子的涂鸦、一张旅行备忘录、一件衣服……你给这些东西赋予什么价值？所有的一切，都诉说着你的生活，在一定程度上，正是这些“价值”构成了你的生活。

但是，我真正想问你的是：你会给自己的生活挂上怎样的价格标签？对，现在，你给现在的生活挂上怎样的价格标签？而在未来，你会为生活附加怎样的价格标签？谁来决定价格？谁应该掌管你的生活和你的金钱？

单靠金钱，不能让你实现财务独立和财务自由。但是，你自己可以。你自己可以实现许多，甚至更多。你拥有这种力量。

我希望，你人生旅途中的金钱，能够得到应得的地位。这样，你的生活就拥有了值得和应得的价值。请记住，金钱——如果正确使用——确实对你有益。

我希望你把生活变成杰作，为了自己，也为了他人。

我希望你通过自己的榜样和行为，成为他人的“魔法药水”。

我希望你成为最好的自己。

我祝你梦想成真。

还有，我希望你做出超越梦想的发现。

我衷心希望你能获得财富：为了你的钱包，为了你的思想和你的灵魂。

如果你想要，一切就不是童话。

行动列表